# INHALT

III

## SELBSTFÜRSORGE
sorge dich nicht, sorge für dich
*zu sich finden*



IV

## BEZIEHUNGEN
schätze deine Schätze
*mit anderen sein*

*»Die wichtigste Stunde ist immer die Gegenwart.
Der wichtigste Mensch ist immer der, der dir gerade gegenübersteht.
Das notwendigste Werk ist stets die Liebe.«*

Meister Eckhart

# Prolog

Es ist schon einige Zeit vergangen, seit ich mich auf den Weg machte, um andere Kulturen und Lebensweisen kennenzulernen. Doch die mehrmonatigen Aufenthalte in Lateinamerika und das Jahr bei den Ureinwohnern Australiens prägen mein Leben noch heute.

Während ich meine Leidenschaft fürs Reisen lebte, habe ich meine Leidenschaft fürs Schreiben entdeckt und die Erlebnisse und Emotionen in meinen Büchern, *Schlaflos in der Regenzeit*, 2013 und *Zwischen den Zeilen reisen*, 2015 verarbeitet. Auf meinen Lesevorträgen *Südamerika mit anderen Augen* nehme ich die Zuhörer mit in die Wirklichkeit Lateinamerikas.

Fast immer, wenn ich meine Lesung beende, richtet einer der Zuhörer die Frage an mich: »Und, wohin wirst du als nächstes reisen?«. Und fast enttäuschend muss ich eingestehen, dass ich zurzeit keine Reisepläne habe. Mich zieht es nicht mehr weg. Ich bleibe hier und übe mich im Ankommen. Die innere Sehnsucht und das Fernweh, das jedes Heimweh besiegte, sind gestillt. Ich bin froh und sehr dankbar, dass ich erleben durfte, was ich erlebt habe. Und zwar genau zu jener Zeit: Etwas naiv, weitestgehend analog, mit freiem Geist und offenen Sinnen, die sich noch nicht an die weite Welt gewöhnt hatten. Die Neues aufnehmen wollten und konnten, weil das eigene Dasein noch nicht mit den Sorgen eines erwachsenen Lebens belegt war.

Es war gut wie es war und es ist auch jetzt gut wie es ist.

*Was ich aus den Erfahrungen jener Zeit gelernt habe?*, ist dann meist die nächste Frage, gefolgt von: »Wie war es, wieder in Deutschland anzukommen?«.

Ich habe daraus gelernt, dass niemand die Welt verändern kann. Ich bin auch nicht losgeflogen, um die Welt zu verändern. Ich wollte einfach eine andere Lebensweise kennenlernen. Doch beim Kennenlernen eines von Armut und begrenzten Möglichkeiten bestimmten Alltags, wurden mir das Chaos und die Ungerechtigkeit unserer Welt unverschont aufgezeigt. Den Kulturschock an mich heranzulassen und die Bilder von arbeitenden Kindern und Bretterhütten, in denen Großfamilien leben, *wahr*zunehmen, zu sehen, also hinzuschauen, macht betroffen, nachdenklich und verändert das ganze Leben – zumindest meins.

Zurück in Deutschland hinterfragte ich alles: *Wie kann es uns so gut gehen, wenn ein Großteil der Weltbevölkerung um das Überleben kämpft? Wie kann so ein Ungleichgewicht überhaupt entstehen? Und: Ist nicht eigentlich genug für alle da?*

Ich habe meine Welt auf den Kopf gestellt und irgendwann bemerkt, dass in Wirklichkeit nur ich mich querstelle, und sich die Welt – von meinen Gedanken ganz unbeeindruckt – genauso weiterdreht.

Ich habe gelernt, dass ständiges Klagen und Kritisieren die Lebensfreude klaut. Ich habe gelernt, dass wir unseren

Wohlstand schätzen dürfen – ja sogar sollten, wenn wir dabei den Nächsten nicht vergessen. Ich habe gelernt, dass man bei sich und nicht gleich mit der ganzen Welt anfangen sollte. Ich habe gelernt, dass es einfach ist, sich über das große Ganze zu echauffieren und sehr schwer, sein eigenes kleines Leben aufgeräumt zu halten. Ich habe gelernt, dass ein kleines aufgeräumtes Leben große Wellen schlagen kann.

Das habe ich gelernt. Und dies umzusetzen, ist eine viel weitere Reise und größere Herausforderung als nach Südamerika zu fliegen oder die eigene Welt auf den Kopf zu stellen.

Inzwischen sind acht Jahre vergangen. Ich verreise nur noch selten, aber ich schreibe noch. So sind die Texte des vorliegenden Buches von mir veröffentlichte Artikel auf dem Online-Blog myMONK. Sie vermitteln wissenschaftlich fundierte Erkenntnisse emotional verpackt und geben Anregungen für ein gutes, einfaches und zufriedenes Leben. Hinweise, warum man manchmal stolpert und kleine Hilfen, wie man wieder aufsteht und besser weitergeht, damit es besser weitergeht. Die Texte sind wie gute Schuhe, in denen man einfach und bewusst durchs Leben läuft.

Viel Freude beim Lesen.

# I

# EINFACHHEIT

## lebe einfach

*die äußere Welt aufräumen*

# Reduziere // warum ein einfaches Leben das Leben vereinfacht

Vollgestopfte Schränke, ein ständig vibrierendes Smartphone und ein überfülltes E-Mail-Konto. Eine Anrufliste, die auf meine Rückrufe wartet, ein Bücherregal, das an eine Bibliothek erinnert und Berge von Klamotten, die für drei Leben reichen. Wenn ich zwei Punkte meiner To-Do-Liste abgehakt habe, sind längst vier neue hinzugekommen. *Hilfe!*

Dass sich die Papiere auf meinem Schreibtisch nicht nur auf einem Stapel stapeln, sondern sich schon die Stapel stapeln, ist nur ein äußerliches Sinnbild für meine innere Welt. In mir drin sieht es oft genauso voll und unaufgeräumt aus.

*Aber zum Glück sieht das keiner...*

Da mache ich die Schranktüren einfach zu und strahle nach außen Gelassenheit, Zufriedenheit und ein aufgeräumtes Leben aus. So einfach ist das, vielmehr: so einfach könnte es sein, wenn unser modernes Leben weniger komplex wäre.

Dabei ist längst nicht alles schlecht – der Fortschritt ist ein Geschenk, wenn man mit diesem umzugehen weiß und sich mit zu viel Geschenkband nicht die Luft zum Atmen nimmt.

Ich jedenfalls wünsche mir manchmal, diesen modernen Wahnsinn einfach auszuschalten.

*Klick* – und alles ist mal still.

Die nicht endenden Gedanken mit eingeschlossen.

*Klick* – und alles ist mit einer simplen Bewegung in den

Papierkorb verschoben.
Einfach mal Ruhe, einfach mal nichts
*– vielleicht mal nur ich?*
*Kann ich das noch?*
*Kann ich das aushalten?*

Wenn ich vom Über*fluss* ins offene Meer gespült werde, längst nicht mehr weiß, wo ich stehe, dann gehe ich unter und denke unwillkürlich an meine Zeit in Südamerika zurück, wo sich das Leben viel langsamer bewegte und die Armut kaum Möglichkeiten ließ. Ich möchte Armut in keinem Punkt mit Minimalismus vergleichen. Aber dort habe ich häufig ein anderes Miteinander erfahren, ein anderes Gefühl für Zeit gespürt und eine andere Gelassenheit erlebt – eben vielleicht gerade wegen der begrenzten Möglichkeiten.

Als würde das begrenzte Materielle den ursprünglichen Fluss des Lebens hervorheben: Die Familie, die Nahrung, das Gespräch, das tatenlose Sitzen am Straßenrand in der Sonne – all das war plötzlich wieder wichtig. Das Wichtigste.

Es gab Zeiten, da machte man schlicht nichts. Etwas, das es bei uns kaum noch gibt, weil alles der Effizienz und einem Zweck unterliegt. Die winzige Lücke für das Nichts scheint unsere überladene Welt oft nicht zu offenbaren. In der schnell getakteten Zeit langsam zu sein, fühlt sich längst nicht mehr nur langsam an, sondern vielmehr wie gegen den Strom zu schwimmen.

Doch inmitten des Nichts, im nackten Sein, habe ich mich beim Aufatmen ertappt. Da hat sich das Geschenkband plötzlich gelöst. Ich fühlte mich frei, weil das Innen laut sein durfte und nicht vom lauten Außen erstickt wurde. Ich fühlte mich frei, weil ich nicht ständig für alle erreichbar war.

Internet hatte ich nur im Internetcafé – und nicht in

der Hosentasche. Ich hatte gar kein Handy dabei, einen Laptop besaß ich nicht einmal.

*Wie schnell und wie gewaltig sich die Dinge in nur acht Jahren ändern können…*

Ich habe vielmehr das Gefühl, ich lausche den Geschichten meiner Großmutter, wenn ich von einem analogen Leben erzähle. Denn in Zeiten, in denen das Smartphone und seine Möglichkeiten so selbstverständlich zu unserem Alltag gehören wie das Einschlafen, kann ich manchmal selbst nicht mehr nachvollziehen, wie wir unser Leben vor wenigen Jahren organisierten. Termine spontan zu verschieben, immer und überall mit jedem vernetzt und für jeden erreichbar zu sein, die E-Mails, Bankkonten und Aufgaben des Jobs jederzeit abzurufen – es war einfach nicht möglich.

*Wie wenig wir beim Tun unterbrochen wurden, weil nicht ständig jemand über WhatsApp anklopfte. Wie sehr wir im Jetzt waren, weil wir nicht zugleich überall anders sein konnten.*

Ich war am anderen Ende der Erde und das machte *wirklich* einen Unterschied.

Die Digitalisierung soll den Alltag einfacher machen und tatsächlich erleichtert sie vieles, aber manchmal vernebelt sie die Sicht auf die wichtigen Dinge – auf die Wirklichkeit – weil sich zwischen ihr und mir immer irgendein Display befindet.

Seit der Rückkehr aus Südamerika bedeutet Minimalismus für mich, mein hochkomplexes, stets durchgetaktetes Leben bewusst zu vereinfachen. Nur weil alles möglich ist, muss ich nicht alles Mögliche möglich machen.

Es gilt, die unendlichen Optionen willentlich zu begrenzen.

Minimalismus in Zeiten des Überfluss' bedeutet bewusstes Entsagen und eine Zeit lang nur für die Unerreichbarkeit erreichbar zu sein. Wenn ich schon nicht verreise, dann darf zumindest mein Handy in den Flugmodus.

Bei sich sein – das ist ganz leicht und scheint doch so schwer: Smartphone aus, offline sein, die Tür schließen – und sich dann mal allein in der Welt fühlen. Nicht in Kontakt mit allen, die sich auf dem Globus verteilen und doch mit im Wohnzimmer sitzen.

Nein! Ich will mich mal wieder atmen hören.

Und hören, ob da tief in mir drin noch jemand spricht.

Minimalismus bedeutet auch, mal zehn Sekunden an nichts zu denken. Einfachheit passiert nicht nur auf materieller Ebene – Minimalismus beginnt im Kopf. Es gilt, die Stille wieder hören zu lernen und auf die eigene Intuition zu vertrauen. Das haben viele in einer Welt voller Termine und Ratgeber verlernt.

Man denkt immer, das geht nicht. Dabei geht es doch.

Man muss es nur tun:

Sich raus aus dem Strom bewegen und ans Ufer setzen
– erst dann ist man wirklich im *Fluss*.

Schau doch mal von dort aus zu, wie alle um ihr Leben schwimmen, obwohl das ruhige Ufer so nahe ist.

Auch bei uns, inmitten des Wohlstands, der so viele spannende Möglichkeiten anspült, hat sich der Kern des Lebens nicht verändert: Das Leben selbst lebt immer noch vom Atmen, von der Liebe, von der Ruhe und der Nahrung.

Also atme, liebe, ruhe und nähre dich gut,
damit dein Körper, dein Geist und deine Seele
noch lange am Ufer sitzen und das Leben bewundern
und es leben können.

Das Leben ist einfach.

Wir sind es, die es komplex machen.

Also lebe es einfach.

## Sieben Gründe, unser Leben einfach zu leben

**Wir haben mehr Zeit und sind entspannter //** Wer Prioritäten setzt und den Tag gut plant, nicht allem und jedem zusagt, erspart sich Hektik und erschafft Freiräume. In einer Welt, in der man immer erreichbar sein kann, sollte man sich zeitweilig unerreichbar machen.

Außerdem: Wer weniger arbeitet und konsumiert, hat mehr Zeit. In all den Stunden, die wir mit Geld verdienen, kaufen, instand halten und entsorgen verbringen, könnten wir einfach nur leben.

**Wir sparen Geld //** »Der einzige Sinn und Zweck des Geldes besteht darin, es nicht zu haben, sondern es zu benutzen. Der Hauptgrund, Geld zu verdienen, ist, sich Erfahrungen zu ermöglichen«, sagte Stuart Wilde.

Weniger Konsum bedeutet: Es bleibt mehr Geld im Portemonnaie und erlaubt uns die Frage: *Wie könnte ich mein Leben mit diesen Ersparnissen wirklich bereichern?*

**Das Leben wird selbstbestimmter //** Mit weniger Gerümpel, aber mehr Zeit und Geld im Gepäck, können wir uns kleine und große Träume verwirklichen. Wir können verreisen oder entspannen, zu zweit oder allein.

Tue, was du willst, weil du es kannst.
Am besten jetzt.
Denn du weißt nie, wie lange du es noch kannst.

**Wir kommen in Kontakt mit uns selbst //** Wer Ballast abwirft, fühlt sich befreit. Alle Besitztümer verlangen nach Aufmerksamkeit und das Unterbewusstsein reagiert auf Chaos. Weniger zu haben und mal unerreichbar zu sein, schärft den Blick für die eigenen Wünsche, Ziele und Bedürfnisse.

**Wir tanken Kraft und können das Leben neu ordnen //** Laut Karen Kingston, Autorin des Buches *Feng Shui gegen das Gerümpel des Alltags*, sammelt sich Gerümpel, wenn Energie stagniert. Aber umgekehrt stagniert Energie, wo sich Gerümpel sammelt. Man kann das Leben wortwörtlich neu ordnen, wenn man aus*sortiert*, weil dies neue Lebensenergie freisetzt.

**Wir fühlen uns frei //** Wer den Kopf ausmistet, die Gedanken sortiert, kleine Sorgen und alte Glaubenssätze über Bord wirft, gewinnt Klarheit. Klare, fokussierte Gedanken und eine offene, freie Geisteshaltung schenken uns einen freien Blick für das Schöne im Leben und lassen aufrichtiges Begegnen zu.

**Wir werden zufriedener //** Es macht zufrieden, wenn wir uns nicht mehr damit beschäftigen, was uns als immer letzter Schritt zum großen Glück noch fehlt. Schau auf das, was du hast und schätze deine Schätze.

## Minimalismus ist ein Geschenk an uns selbst

Minimalismus ist das nackte Leben, ein Geschenk an uns. Und wir überlegen viel zu viel, wie wir es anziehen sollen, es schmücken sollen, es füllen sollen, anstatt einfach zu genießen, dass es ist.

Und dass wir sind.

Wir sind.

Meistens ziemlich gesund, meistens ziemlich in Frieden.

Und dass wir alles mitbekommen haben, was wir im Leben brauchen. Und sowieso nichts anderes mitnehmen können, als unsere Erfahrungen und die Liebe, die wir gegeben haben und bekommen durften.

All das Gerümpel bleibt eines Tages hier. Wir sollten anfangen zu reduzieren, uns aufs Wesentliche konzentrieren und unser Leben aufräumen: Die Wohnung, die Schränke, den Kopf und die beschränkten Gedanken. Und vielleicht noch den Kalender, damit mal wieder Zeit bleibt – für uns oder den Nächsten oder zum Nichtstun.

Schalt mal dein Handy aus.

Schalt mal deinen Kopf aus.

Und komm raus aus dem sich immer schneller drehenden Karussell des Lebens, welches das Leben verpasst.

Verpass dir mal eine Pause.

Atme ein

und

atme aus.

Und überleg dir, was du dann noch brauchst.

# Entrümple // warum Ausmisten dein Leben ordnet

Meine Wohnung ist der Spiegel meines Selbst: Manchmal perfekt aufgeräumt, manchmal im Chaos versunken. Manches steht nicht mehr in Beziehung zu mir, aber trotzdem noch in meiner Wohnung und manches ist vor Jahren in irgendeiner Schublade versunken, vermeintlich nicht mehr vorhanden, aber in Wahrheit noch immer da. Die Wohnung ist der Spiegel meines Selbst.

Dass ich so viel mit und in mir trage, was mir nicht guttut, hat mir das Prinzip von Marie Kondo aufgezeigt. Zugleich, wie einfach es ist, loszulassen. Wie sehr es befreit, das Leben schöner und leichter macht.

Es gibt viele Möglichkeiten auszumisten und wenige Gründe es nicht zu tun: Bequemlichkeit, die Angst loszulassen, Überforderung, fehlende Zeit, die Gewohnheit an das Altbekannte. Doch die *KonMari Methode* der Japanerin Marie Kondo ist eine geniale Möglichkeit, die eigene Wohnung für immer gerümpelfrei zu halten. *Für immer?* Ein großes Versprechen, hinter dem sich nur ein kleiner Trick verbirgt.

Sie sagt: »Behalte nur die Dinge, die dich glücklich machen. Danke allem anderen für seinen Dienst und entsorge es«.

*Klingt einfach?*

Ist es bei weitem nicht immer.

Aber das Ergebnis jeden inneren Kampf wert.

## Zu Hause genervt

Lange hing dieses Foto an der Wand, das mich jedes Mal in eine komische Stimmung versetzte, wenn mein Blick darauf fiel. Genau wie das Geschenk einer Freundin, für das ich bis heute keine Verwendung fand – *aber Geschenke wirft man doch nicht weg, oder?* Auch nach Jahren nicht. Auch nach fünf Jahren nicht, aus denen inzwischen zehn geworden sind, in denen die Freundin und ich uns fremd geworden sind. Doch Geschenk bleibt Geschenk, selbst wenn die Freundschaft hinkt.

Und während ich durch meine Wohnung schlendere, fallen mir immer mehr Dinge auf, durch die ich jahrelang hindurchgesehen habe, so, als gehörten sie zum Inventar, oder viel schlimmer: als gäbe es sie nicht.

Die Kleidung im Schrank, die keinen Makel hat, die ich trotzdem nicht trage; das Bürozubehör, das ich vor Jahren anschaffte und nicht weniger wird; die Bettwäsche, in der ich schon als Teenie schlief – zeitlos – *und deshalb mein Begleiter auf Lebenszeit?* Der Papierstapel türmt sich immer höher auf und das sperrige Waffeleisen im Küchenschrank nervt mich wöchentlich, obwohl ich es nur ein Mal im Jahr benutze.

Ich bin in meinem Zuhause von meinem Zuhause genervt. Umstellt von Dingen, die meine Freiheit verhindern, umgeben von Gegenständen, die mich an die Vergangenheit binden, sodass die Gegenwart und die Zukunft keinen Platz finden. Das ist zwar nur der kleinste Teil, aber selbst der kleinste Teil macht trotzdem etwas mit mir. Und meist bekomme ich das nicht einmal mit.

## Dabei besitze ich gar nicht viel

Ich brauchte nur einen Sprinter beim letzten Umzug. Andere Personen und Generationen besitzen ganze

Häuser und deren Inhalt, mit Inhalt von zwei weiteren Generationen. Weil damals Besitz noch wertvoll und besonders war. Schmuckstücke noch Schmuckstücke und von emotionalem Wert waren. Heute ist doch alles anders: Alles erschwinglich. Alles austauschbar. Sogar die Beziehungen. Geschirr gibt's bei Ikea, Schmuck im Drogeriemarkt und den Partner kann man bequem online finden, als gäbe es auch für diesen einen Shop mit Rückgaberecht.

Während früher ein paar Fotos in schwarz-weiß die einzige sichtbare Erinnerung an einen Menschen waren, trage ich heute unzählige bunte in meiner Hosentasche. Nicht nur die eigenen, auch die vielen merkwürdigen, die mich nicht interessieren, mir aber ungefragt zugespielt werden – portofrei und deshalb in Massenware. Die *Flat*rate macht das Kommunizieren flach. In der Masse verliert das Leben an seiner Tiefe. Das Wenige, das Seltene erschafft Besonderes und ermöglicht Tiefgang. Ein Leben an der Oberflächlichkeit taucht nicht ein – es versickert nur.

Unser Über*fluss* wird zum vergifteten Meer, in dem man sich nur schwer am Einzelnen erfreuen kann, weil so vieles in der Masse untergeht. Und weil Wohlstand so schnell zum Überfluss wird, hegen wir heute zu Hause Gerümpel, wo früher jeder Besitz ein Schatz war. Masse anstelle von Qualität, weil Geiz geil ist und daher vieles nach zwei Jahren Nutzung im Mülleimer landet – oder eben für immer unbenutzt in irgendeiner Schublade vor sich hinvegetiert.

Aber damit ist jetzt Schluss – ich sortiere aus.
Ich brauche Raum und Zeit.
Raum, der mich glücklich macht
und Zeit, die dies gewährt.

Ich betrachte es als kindliches Spiel, im Versuch, mich an nichts zu klammern und nicht als belastende Aufgabe, die sich auch noch in meinen Alltag schleicht, der noch voller ist als meine Wohnung.

**Sieben Schritte, wie du dein Zuhause entrümpelst**

Kurz und knapp, leicht reduziert Marie Kondos Plan, ohne viele Gedanken, genau so, wie wir ausmisten sollen:

1. Mache dir ein genaues Bild von deinem gerümpelfreien Zuhause und Leben:

*Wie sehen die Räume deines Zuhauses aus?*
*Mit welchen Möbeln sind sie bestückt?*
*Welche Farben sollen dich umgeben?*
*Welche Bilder hängen an der Wand?*
*Erfreust du dich an vielen kleinen Details oder an wenigen großen Gegenständen?*

2. Erschaffe dein Zuhause als einen Zen-Ort. Ganz egal, ob es das Schlafzimmer, die Küche oder irgendeine versteckte Ecke ist – jeder Ort soll dich glücklich machen und dir Energie schenken.

3. Nun das Wichtigste: Beginne, indem du alle Gegenstände einer Kategorie aus allen Räumen deiner Wohnung zusammenträgst, Bücher, Kleidung, Dekoartikel..., und jeden einzelnen, einen nach dem anderen, in deine Hände nimmst. Frage dich dabei, ob dich dieser eine Gegenstand glücklich macht.

Bitte schummle nicht. Bitte denke nicht *Wenn ich mich schon zum Entrümpeln überwinde, mache ich es mir zumindest einfach: Ich sortiere zuerst das Wohnzimmer, dann das Schlafzim-*

*mer, dann die Küche... Denn was hat die Küche mit dem Schlafzimmer zu tun?*

Gehe nach Kategorien vor. Nur so sortierst du mit offenen Augen und nur dann machst du es dir einfach.

Und ja, nimm bitte wirklich *jeden* Gegenstand für ein paar Sekunden in deine Hände. Und ja, bitte frage dich ganz ehrlich, aufrichtig und unvoreingenommen, ob dich genau dieser Gegenstand glücklich macht.

Und dann: Befreie dich von allem, was keine Freude entfacht. Behalte alles, was dich glücklich macht.

Jetzt wird es wieder einfacher, wenn du das Loslassen zulassen kannst:

4. Beachte die Reihenfolge: Beginne mit der Kleidung, sortiere dann deine Bücher, dann die Papiere, dann alles andere und zuletzt die Erinnerungen und alles Nostalgische.

5. Sortiere alle Klamotten aus, die du nicht trägst. Genauer: die du im vergangenen Jahr nicht getragen hast. Behalte nichts, weil du denkst, es könnte noch einmal in Mode kommen.

Wenn du nur noch die Kleidung besitzt, die dich glücklich macht, solltest du sie falten, ehe du sie in den Schrank legst. Laut Kondo ist das Falten der wichtigste Teil des Verstauens. Falte jedes Kleidungsstück in ein Rechteck, sodass es vertikal in eine Schublade passt. So kannst du alles auf einen Blick erkennen und deine Kleidung verknittert nicht.

6. Mache es dir zur Gewohnheit, dein Portemonnaie jeden Tag auszuleeren. So verlierst du keine wichtigen Dokumente oder Belege und trägst nichts unnötig mit dir herum.

7. Packe alle neuen Klamotten und Gegenstände unmittelbar aus, entferne die Etiketten und lege dir keinen Vorrat an. Nur, was nicht mehr in einer Verpackung ist, ist wirklich deins, sagt Kondo.

Sobald du gelernt hast, deine Besitztümer richtig auszuwählen, wirst du nur noch die Dinge besitzen, die perfekt in den Raum passen, über den du verfügst. Außerdem wirst du für immer wissen, wie viel Besitz richtig ist und nicht in alte Muster des Ansammelns zurückfallen.

Die *KonMari Methode* ist im gleichen Maße herausfordernd wie sie dein Leben verändern kann. Wenn das Ausmisten in Stress ausartet, mache eine Pause und erinnere dich: es wird nichts passieren, wenn du es nicht schaffst. *Es ist nur ein Spiel.* Aber wenn du es schaffst, kann sich ganz viel entwickeln…

**… und jetzt das Spiel**

Also los: Motiviert laufe ich durch die Wohnung und trage aus allen Räumen alle Gegenstände derselben Kategorie zusammen. Schnell muss ich mich den ersten Fragen stellen, als würde meine innere Stimme mit einem Messie und nicht mit einem Ausmistjunkie sprechen: *Warum bitte habe ich zwei Tesa Abroller? Meine Kalender der letzten Jahre aufgehoben? CDs, deren Lieder ich vor langer Zeit auf meinen Laptop überspielte und ich längst keinen CD-Player mehr besitze?*

Ich bin entsetzt, wie selbstverständlich manche Dinge scheinbar zu mir gehören, nur, weil ich sie immer schon besaß. Sie sind halt einfach da, weil sie immer schon da waren. Und weil sie immer schon da waren, packe ich sie von Schublade in Schublade und von Umzug zu Umzug in einen Karton und transportiere sie durch Deutschland, während mir nicht einmal auffällt, dass ich viele ausschließlich beim Umzug in den Händen halte.

## Mein kleiner lilafarbener Tacker

Mein kleiner lilafarbener Tacker ist ein Beispiel dafür. Wunderschön für Kinder. Mittlerweile wunderschön vergilbt, längst nicht mehr lila, aber immer noch für Kinder. Und natürlich für mich – inzwischen bin ich über dreißig. Weil er immer noch für mich da ist, wenn ich ihn mal brauche, die treue Seele ohne Seele. Jetzt gebe ich ihn weg, tausche ihn ein. Habe lange überlegt, weil andere Menschen sicher keinen Tacker besitzen und von so einem kleinen, vergilbten, farblosen nur träumen können. Doch ich kaufe mir jetzt einen schönen; einen, der mich glücklich macht. Dafür nichtkonsumiere ich an anderen Ecken. Und liebe wieder eine neue Ecke meines Zimmers: meine Schreibtischschublade.

*Warum trage ich den Schlüssel von meinem Fahrradschloss am Schlüsselanhänger, obwohl ich seit über einem Jahr ein Schloss mit Zahlencode benutze? Und warum muss ich voller Entsetzen feststellen, dass sich inmitten meiner Südamerika-Erinnerungen die Statistikunterlagen aus dem Studium verstecken.* Hilfe! *Ausgerechnet Statistik…* – die ganze Mappe liegt noch hier. Für einen kurzen Augenblick fragt der Messie den Ausmistjunkie, ob ich nicht zumindest meine Zusammenfassung behalten sollte, im Falle dass… *NEEEIIINNN!,* schreiten die Spielregeln zwei und drei schreiend ein.

Stimmt.

*Fast vergessen…*

Also weg damit. Herrlich! Wieder befreit!

**Maßstab Glück**

Und so wühlte ich mich von Tag zu Tag durch jede Kategorie, schaukelte von Entsetzen über das, was ich besitze, zur Befreiung, sobald ich es nicht mehr besaß. Vielmehr: *Es* mich nicht mehr besaß. Es war anstrengend. Es war befreiend. Ja, teilweise fast erlösend, weil ich wirklich nur das behielt, was *mich* glücklich macht. Geschenk, Erinnerung, materieller Wert oder *was denkt xy, wenn…* hin oder her – der Maßstab, war *mein Glück*.

Ganz einfach.

Der Rest kam weg – die Bücher in die Bücherei, die Kleidung auf Flohmärkte, Kosmetika und so mancher Dekoartikel fanden einen neuen Besitzer. Defektes und viel Papier landeten im Müll, wo sich sowohl die Statistik-Unterlagen als auch die alten Kalender einig waren, dass ihre Zeit endgültig vergangen war.

Einfach so.

Es hat nicht einmal wehgetan.

Im Gegenteil: Die Gegenstände, die mir kein Lächeln auf die Lippen zaubern konnten, haben mich zum Lächeln gebracht, sobald sie auf meinem kleinen, stets wachsenden Entrümplungsberg landeten. Es waren ziemlich viele. Erschreckend viele. Genial viele. Ich möchte sie für kein Geld der Welt zurück haben. Auch meinen Tacker nicht, denn ich habe viel schönere Erinnerungen an meine Kindheit. Nicht vergilbte und in meinen Gedanken doch für immer zusammengetackerte, lebendige Erinnerungen. Die behalte ich gerne.

**Aufgeräumt**

Jetzt habe ich das Gefühl, meine Taschen sind geleert. Ich fühle mich frei. Sortiert. Klar.

Denn meine Wohnung ist der Spiegel meines Selbst.

Ich habe nicht nur mein Zuhause, sondern mein Leben aufgeräumt. Ich weiß, was zu mir gehört, was seinen festen Platz hat und auch, was ich loslassen darf und bin überzeugt, dass nur durch Loslassen überhaupt etwas Neues entstehen kann.

*Wie könnte es auch anders sein, wenn alles im Überfluss und in alten Erinnerungen erstickt?*

Da ist doch gar kein Platz in meinem Leben und in meinem Zimmer kein Raum.

Es gibt immer eine Verbindung zwischen dem Innen und dem Außen, denn *alles* ist verbunden. Nichts bleibt ohne Wirkung. Das äußerliche Aufräumen reicht bis in uns hinein. Es ordnet unser Leben neu. Denn: Die Wohnung ist eben nur der Spiegel unseres Selbst – in Wahrheit ist das Selbst unser Zuhause, das wir unentwegt aufgeräumt halten sollten.

**Ich liebe meine Wohnung**

Jetzt noch viel mehr. Sie ist tatsächlich zu einem *Zen-Ort* geworden. Und wenn ich darüber nachdenke, wie viel Zeit ich in meinen vier Wänden verbringe – meine kleinen vier Wände in dieser großen Welt, mein Unterschlupf, meine Zuflucht, meine Tankstelle – dann sollte mich doch ausnahmslos alles darin glücklich machen.

*Wo, wenn nicht hier?*

Bei mir.

Und bei dir.

Also, los geht's!

Nimm dir Zeit, schau dir die Spielregeln an und dann räum mit Freude auf, miste mit Vergnügen aus und beobachte mit Staunen, was sich in deinem Leben bewegt.

# Trenne dich // warum Erinnerungen wertvoller sind als Materie

Es gibt Gegenstände, von denen man sich kaum trennen kann. Weil sie vermeintlich so kostbar sind, oder weil es mit viel Aufwand einhergeht, sie auszusortieren. Dabei beschweren sie das Sein, so als würde man sie Tag für Tag in einem unsichtbaren Rucksack durch den Alltag schleifen.

Irgendwann gehören sie zu unserer Wohnung – oder zu uns – wie die Wände, über die man einfach nicht mehr nachdenkt, ob sie nun da sein sollen oder lieber nicht. Sie sind einfach da. Ganz fraglos. Und werden auf diese Weise ganz heimlich still und leise zu Staubfängern, deren emotionaler Wert sich unter Staubschichten versteckt, die man zählen kann wie die Ringe im Holz. *Oh ja… manche sind ganz schön alt geworden und viel länger da, als sie vielleicht hier sein sollten.* Wenn das so ist, ist es Zeit für eine Inventur. Dann sollten wir uns die Dinge einmal ansehen, über die wir jahrelang hinweggesehen haben.

**Ungenutztes Hobbyzubehör//** Ich habe eine Nähmaschine und niemand weiß es. Keiner hat jemals ein Erzeugnis gesehen. Meine Motivation hat weder für einen selbst genähten Kissenbezug noch für eine kleine Tasche für mein Smartphone gereicht. Und obwohl ich die Idee, mich beim Nähen zu entspannen und kreative, individuelle Dinge anzufertigen, ziemlich gut fand, habe ich sie seit der Anschaffung vor zehn Jahren maximal fünf Mal benutzt. Den Rest der Zeit musste sie einsam mein altes Kinderzimmer bewohnen, während ich längst ausgezogen bin.

Doch immer, wenn ich meine Eltern besuche, lacht sie mich genauso verführerisch wie verächtlich an und bringt mir mein fast vergessenes neues altes *Hobby* wieder in den Sinn: *Ja, ich habe eine Nähmaschine, bunten Zwirn und eine super Schere, die Stoffe schneidet wie Papier,* und sofort fühle ich die alternative, kreative Näherin in mir – die noch immer nicht nähen kann.

Genau das macht ungenutztes Hobbyzubehör mit uns: Es verbreitet das Gefühl, eine versierte Näherin, ein fitter Inline-Skater, ein lässiger Surfer, eine gute Snowboarderin, eine begnadete Malerin, ein waghalsiger Tiefseetaucher oder was auch immer zu sein und lässt zugleich das schlechte Gewissen aus der inneren Tiefe auftauchen, weil man selbst noch immer nicht tauchen war – noch nicht einmal schnorcheln – vielleicht gar nicht schwimmen kann.

Aber egal, wir besitzen das Zubehör, das die dazugehörige Wirkung viel mehr verkörpert als unser Körper, der es sich lieber auf der Couch bequem macht.

Die teuren Utensilien verkommen im Keller, in der hintersten Ecke des Hauses oder im unbewohnten Kinderzimmer. Sie waren zu teuer und sind zu *neu*, um sie einfach fortzugeben. Also behalten wir sie. Und solange wir sie behalten, haben wir unser Hobby weder aufgegeben noch sind wir an ihm gescheitert – weil wir nicht einmal begonnen haben.

Das ist schließlich genauso genial, wie nähen zu können.

Das Ideal bleibt bestehen; die Utopie auch.

*Und wir vor uns selbst?*

Auch.

Wer auch ein verkannter Hobby-Verdränger ist, sollte sich dessen bewusstwerden und überlegen, ob er sein Zubehör verkauft oder endlich beginnt, der Snowboarder zu werden, den er schon immer in sich gesehen hat. Länger an Ungenutztem festzuhalten, ist in jedem Fall sowohl für die Wohnung als auch für uns selbst ein Ballast.

*Beginne oder schaffe Raum.*

**Erbstücke //** Erbstücke sind die materielle Erinnerung an einen geliebten Menschen. Dessen letztes Geschenk an uns, eine ewige Verbindung. Eine Porzellansammlung, ein alter Besteckkasten, ein prunkvolles Schmuckstück. Alles – oft sogar wertvolle – Andenken an vergangene Zeiten.

Doch jetzt und hier, im Schrank bei mir ist es rein optisch kein Schmuckstück, sondern ein Störfleck, der so gar nicht zum Rest meiner Wohnung passt. Klar klebt der emotionale Wert an jedem Staubkorn, welches das Porzellan bedeckt, aber meine Erinnerung an die verstorbene Person hat mit Porzellan so gar nichts zu tun.

*Nur weil etwas vererbt wurde, muss man es doch nicht zwangsläufig ein Leben lang behalten, oder?*

Die Geste zählt.

Natürlich erinnert ein Erbstück immer wieder an die geliebte Person und dennoch leben die Erinnerung und Verbundenheit auch unabhängig von der Materie. Wenn wir es übers Herz bringen, darf weg, was nicht zu uns passt. Wir können es verschenken, verkaufen oder abgeben. Unseren Liebsten wäre es sicher viel wichtiger, dass wir glücklich sind – was für ein tolles Erbe! Oder dass wir uns etwas Neues gönnen und es der verstorbenen Person widmen, als wäre sie es gewesen, die uns noch einmal beschenkt hätte.

*Lass los und bewahre die Erinnerung.*

**Bücher, die du nicht mehr magst //** Bücher sind das Tor in eine andere Welt und bergen große Emotionen, die nicht die eigenen sind, aber die eigenen auffangen, verstehen und zum Ausdruck bringen können. Sie begleiten uns und sind oft ein thematischer Spiegel unseres Innenlebens. Mit ihnen verbinden wir bestimmte Zeiten, Emotionen oder Personen, sodass allein der Blick auf den Buchrücken Gefühle weckt und Vergangenes lebendig macht. Unter anderem deshalb können wir uns von Büchern so schwer trennen.

Zudem ist für viele allein die Idee ermüdend, die volle Wohnzimmerbibliothek auszusortieren. Auch ich möchte den Vorschlag wie einen gelesenen Roman ins Regal stellen und für immer dort belassen.

*Doch kann nicht genau jene Art von Büchern aus unseren Regalen verschwinden?*

Die meisten werden wir wohl kein zweites Mal lesen und nur eine Auswahl noch einmal aufschlagen. Es sollten die bleiben, die schöne Erinnerungen festhalten, unser Herz berühren oder für uns wertvolles Wissen bergen. Über den Rest freuen sich Tauschbörsen, Büchereien oder die Besucher von Flohmärkten. Ein kleiner Bücherschrank, voll mit Lieblingsstücken, ist reicher als eine gehaltlose Privat-Bibliothek.

*Lese aus.*

**Papierstapel //** Mir wird schon schwindelig, wenn ich an sie denke: An die Ordner im Schrank mit Unterlagen aus der Ausbildung, dem Studium oder mit aller möglicher und unmöglicher deutscher Bürokratie. An den Papierstapel auf meinem Schreibtisch; an die Box mit alten Briefen, Grußkarten und anderen Erinnerungsstücken, die mit den Jahren größer wurde als ich, weil sie mir längst über den Kopf gewachsen ist.

*Sollte ich alles nehmen und ungesehen in die Papiertonne hauen?*

*Oder mir jeden Zettel noch einmal ansehen, ob er wirklich weg kann, selbst wenn ich ihn in den letzten Jahren nie brauchte?*

Die Gedanken an jene Papierstapel sind anstrengend und lästig. Ich fühle mich überwältigt, gestresst und habe keine Ahnung, an welcher Stelle des Arbeitsrückstands ich beginnen soll. Ich habe das Gefühl, ich brauche Jahre, um System in das Chaos zu bringen und Nonsens von Qualität zu trennen.

Unsere Papiere zu sortieren, ist der wohl zeitaufwändigste Bestandteil jeden Ausmistens, wenn man *Klappe auf, Papier tot* nicht schafft oder nicht möchte. Denn wie so vieles, versinnbildlicht auch beschriebenes Papier alte Zeiten, birgt Worte besonderer Menschen, oder wertvolles Wissen, was wir offensichtlich nur schwer loslassen können.

Es hilft, den einen großen Berg *Papierkram* in kleinere Stapel aufzuteilen und sich somit in Etappen oder gemeinsam vorzuwagen. Denn mit großer Wahrscheinlichkeit geht es anderen Personen genauso. Geteiltes Leid ist halbes Leid und macht gemeinsam vielleicht sogar Freude.

*Ordne deine Ordner und gewinne Übersicht.*

**Materielle Erinnerungen //** Manche Gegenstände sind von so hohem emotionalen Wert, dass wir uns beim Betrachten unmittelbar in eine bestimmte Zeit zurückversetzt fühlen, oder an eine besondere Person erinnert werden.

Im warmen Sommer 2003 habe ich mit meiner Schwester Kollagen geklebt: Eine blaue, eine grüne, eine gelbe und eine in schwarz-weiß. Es war heiß, die Jalousien hatten wir deshalb halb heruntergezogen, und so saßen wir nachmittags auf dem Boden und klebten die

Papierfetzen alter Zeitschriften auf neues Papier. Sie sind wunderschön, keine Frage. Doch in keinem Fall so schön, dass ich sie noch vierzehn Jahre später aufbewahren müsste. Aber die Erinnerung an diese Nachmittage ist so besonders, dass ich die Papiere noch immer besitze.

Doch man wird älter und sammelt mit den Jahren immer mehr Erinnerungen und Gegenstände. Das Lebensgepäck würde stets schwerer, würde man sich nicht von Zeit zu Zeit im Loslassen üben. Manches, das schon lange unverrückt an seinem Platz steht, darf bewegt, verändert oder verabschiedet werden – das sollten wir uns ein- und zugestehen und zu dem stehen, was wir im Heute sind.

*Bewahre Kostbarkeiten voll schöner Erinnerungen.*

**Die Materie geht, aber die Erinnerung lebt weiter**

Wir selbst sind in Veränderung begriffen – *warum sollte es unser Besitz nicht sein?* Sobald die Magie schwindet, ist es vielleicht an der Zeit, loszulassen.

Nicht alles, aber manches.

Was das ist, ist für jeden etwas anderes und kann jeder nur für sich entscheiden. Denn wir und unsere ganz persönlichen Erlebnisse heften der Materie eine Energie und einen Wert an, der für niemanden sichtbar ist.

Wir wissen genau, was wir bewahren sollten und von was wir uns trennen dürfen. Vielmehr: was wir von uns trennen dürfen. Wir sollten dies ohne schlechtes Gewissen tun.

Es ist unser Leben.

Zum Erinnern und Fühlen bedarf es nichts außer der Erinnerung oder der Emotion selbst. Und diese sind immer immateriell und viel wertvoller und leichter als alle Staubfänger der Welt es je sein können.

# Halte inne // warum du entspannen kannst, wenn du weißt, was dich stresst

Ich liege wach. Die ganze Nacht schon. Meine Gedanken drehen sich im Kreis und nehmen mit jeder Runde mehr Fahrt auf – das Einschlafen habe ich für diese Nacht abgeschrieben. Ich bin hellwach. Vielmehr sind meine Gedanken hellwach, während ich müde von den zurückliegenden Wochen bin. Schlaf wäre, was ich bräuchte, doch mein Kopf sucht ungebremst nach Lösungen, um dem Stress den Ausweg zu zeigen – die Abfahrt in die Ruhe verpasst er jedoch mit jeder Runde.

Wenn etwas zwischen mir und mir wichtigen Menschen steht und sich das Zwischenmenschliche plötzlich unmenschlich anfühlt, drehe ich wortwörtlich durch.

Und dass mich Dinge so verrückt machen können, die andere so gar nicht aus der Ruhe zu bringen scheinen, verschärft die Sache nur.

**Stress ist mächtig**

Und vielfältig. Sein Empfinden sehr individuell. Was der Einzelne als Stress empfindet, kann für den anderen ein Kinderspiel sein. Denn nicht das äußere Ereignis sondern erst unsere Bewertung verursacht ein Gefühl von Stress. Somit hat jeder seine persönlichen Trigger, die wiederum individuelle Reaktionen hervorrufen.

Diese wahrzunehmen und zu identifizieren ist entscheidend, um besser mit belastenden Situationen umgehen zu können – sprich: um Stress vermeiden zu können, ihn zu reduzieren oder ihn abzubauen. Wenn uns dies gelingt, erhöhen wir unsere psychische Widerstandskraft, unsere *Resilienz*.

Die häufigsten Stressauslöser, *Stressoren*, verstecken sich in den Bereichen Arbeit, Familienstrukturen, Kinder, Finanzen, Beziehungen, Krankheiten, Einsamkeit, fehlende Work-Life-Balance, Ungewissheit...

Indem du die folgenden Sätze weiterführst, kannst du deine persönlichen Stressoren identifizieren:

*Es macht mich wütend, wenn...*

*Ich fühle mich überfordert, wenn...*

*Ich fühle mich beleidigt, wenn...*

*Gar nicht geht, wenn...*

*Im Beruf wünschte ich, die Kollegen würden...*

*Es macht mich verrückt, wenn...*

*An meinem Arbeitsplatz bin ich sofort genervt, wenn...*

**Im Stress sind die Emotionen der Pilot unserer Aktion**

Ich beispielsweise, fühle mich überfordert, wenn der Berg der Aufgaben schneller wächst als ich ihn bearbeiten kann. Dann verschließe ich mich für alles und jeden, weil ich nichts mehr an- und aufnehmen kann und habe einen

Tag später Kopfschmerzen – oder schlaflose Nächte.

Wenn das so ist, also jemand oder etwas uns triggert, übernehmen die Emotionen die Kontrolle und wir sehen die Dinge nicht mehr wie sie wirklich sind. Unser Körper wird von Adrenalin und Kortisol überflutet, so, als müssten wir plötzlich in der Steinzeit vor einem Mammut fliehen und um unser Leben rennen – das ist super, wenn wir wirklich um unser Leben kämpfen müssten, aber völlig übertrieben, wenn wir lediglich einen Kampf gegen die Uhr führen.

**Stress? Hauptsache weg hier!**

Unser biologisches Stresssystem ist nicht so fortschrittlich wie die technische Entwicklung – es weiß nicht, dass ein voller Kalender uns nicht umbringt und die ständige Erreichbarkeit keine tödliche Eiszeit ist – und schaltet, bei allen als Bedrohung empfundenen Situationen, auf Alarmbereitschaft. Alles verschwimmt, wir fokussieren nur die Gefahr, bauschen sie damit meist unverhältnismäßig zum Raubtier auf und verlieren zugleich die Fähigkeit, besonnene Entscheidungen zu treffen oder Probleme konstruktiv zu lösen.

Denn im Stress greifen wir stets auf altbekannte Muster zurück. Wir werden nicht plötzlich kreativ und erfinden innovative Ideen, nein: Wir tun das, was wir immer schon getan haben... und dies meist unbedacht.

Der Körper reagiert, als müssten wir tatsächlich vor einem Säbelzahntiger fliehen – wir werden kurzatmig, schwitzen, haben Herzrasen, müssen auf die Toilette – und die Emotionen plappern schneller als wir denken können, handeln ohne uns zu fragen oder lassen uns die Dinge in falschem Licht sehen – was wir mit etwas Abstand häufig selbst nicht mehr verstehen und manchmal auch bereuen.

## Ein Leben ohne Stress gibt es nicht

Dabei ist Stress nicht per se schlecht. Im Gegenteil: Ohne Stress könnten wir nicht überleben. Denn Stress ist zunächst einmal schlicht eine Reaktion auf einen äußeren Reiz. Das Problem unserer Zeit ist, dass viele Menschen mit einem dauerhaft hohen Stresslevel leben und Phasen tiefer Entspannung im Alltag nur selten erreichen. Im Prinzip laufen viele von uns täglich mehrere Stunden vor einer Herde Mammuts davon – wir stehen unter Hochspannung und andauernder Alarmbereitschaft.

Im Kleinen bedeutet das, dass wir vielleicht schnell die Kontrolle verlieren, aber im Großen fühlen wir uns erschöpft und ausgebrannt oder entwickeln chronische Krankheiten.

## Die Stressmuster erkennen

Deshalb ist es wichtig, unsere Trigger zu identifizieren und wahrzunehmen, wenn sie uns herausfordern. Indem wir uns achtsam beobachten, können wir Muster erkennen, worüber wir uns ärgern und wie wir darauf, körperlich und emotional, reagieren und jene herausfordernde Situationen schließlich besser handhaben. Erst wenn wir wissen, was den Stress auslöst, können wir besser mit ihm umgehen.

Die folgenden Fragen helfen dabei:

*Was bewirkt eine herausfordernde Situation bei mir?*
- körperlich z.B. flache Atmung, Migräne, Übelkeit
- emotional z.B. Angst, Wut, Rückzug
- psychisch z.B. Engstirnigkeit, Kontrollverlust

*Was an dieser Situation triggert diese Emotionen?*
z.B. Ungeduld, Unsicherheit, Fremdbestimmung

*Wie kann ich die Situation und meine Emotionen besser steuern?*

*Was hilft mir generell, Stress zu reduzieren?*
z.B. Bewegung, Meditation, Verabredungen, Lachen

**Im Bewusstsein für die Trigger liegt der Schlüssel zur Gelassenheit**

Das Bewusst*sein* über eine Sache verändert sie.

Uns unserer Trigger bewusst zu sein, verleiht uns die Macht, in einer stressigen Situation besonnen reagieren zu können. Wir verlieren uns nicht an unsere Emotionen, sondern bewahren unseren *Kopf.*

Im Studium habe ich diese Technik kennengelernt als:
*SARW – Stopp! Atme, reflektiere und wähle!*

Das Bewusstsein über einen Stressor schenkt uns einen Moment des Innehaltens und somit bewussten Entscheidungs- und Handlungsspielraum. Ich kann entscheiden: *Will ich wirklich ausrasten oder erst einmal ruhig und kritisch betrachten wie die Situation tatsächlich ist?*

Ich kann mich selbst und die Situation hinterfragen:
*Ist das wirklich so?*
*Oder kann ich es vielleicht auch anders, positiver sehen?*
*Und wie möchte ich jetzt reagieren?*

Auf diese Weise verlassen wir die gebahnten Muster, entkommen so mancher Stressfalle und entwickeln uns persönlich weiter. Das entspannt unmittelbar und macht langfristig zufriedener, selbstbestimmter und resilienter...

# II

# GEDANKEN

denke nicht gedankenlos

*die innere Welt aufräumen*

# Sei dankbar // warum ein veränderter Fokus glücklich macht

Keine Lust zu fahren. Die Sonne scheint, die Luft ist klar und mild. Es ist einer dieser herrlichen Morgen, an denen ich einfach stundenlang gedankenlos spazieren gehen möchte. Ohne Pläne und Aufgaben – den Alltag mitten im Alltag hinter mir lassen. So, wie ich es immer vorhabe und doch nur selten mache, weil ich keine Lücke im Kalender lasse.

*Heute hätte ich es bestimmt getan...*

Stattdessen liegt stundenlanges Zugfahren vor mir und ich erhalte mal wieder das, was ich so gar nicht möchte. *Na toll!*

Hinzu kommen die Verspätung, der Ersatzverkehr und der damit ausbleibende Service – Kaffee – sowie nach einer halben Stunde Fahrt eine defekte Scheibe, weshalb die ohnehin wenigen Wagons auf noch wenigere reduziert werden und die Verspätung sich weiter verspätet.

*Sch...bahn*, möchte ich denken, aber weil ich eine Zeit lang nicht in Deutschland gelebt habe, wo Unpünktlichkeit die Normalität war – vielmehr, wo es gar keinen Fahrplan gab – versuche ich gelassen zu bleiben, wenn andere an ihrer Toleranzgrenze angelangt sind: »Sch...bahn«, höre ich um mich herum.

Ich muss schmunzeln und mich umsetzen, denn ich sitze ausgerechnet in dem Abteil mit dem defekten Fensterglas – scheinbar bekommt heute niemand was er sich wünscht.

*Jaja... das Leben bei uns in Deutschland ist schon schwer.*

Mein Rucksack auch, aber ein netter junger Mann hievt diesen im neuen Wagon auf die Gepäckablage und versucht, ein Gespräch zu beginnen. Ich lächle nur nett und verkrieche mich in meiner selbst gewählten Einsamkeit. So bin ich eigentlich nicht. Heute aber schon. *Wenn man nicht einmal unter Fremden Zeit für sich haben darf, wann denn bitte dann?* Mir ist nicht nach reden zumute. Zumindest nicht ohne Kaffee. Und den gibt's hier ja nicht.

**Meine Dankbarkeit ist so pünktlich wie die Bahn**

Nein, ich bin nicht schlecht gelaunt, es ist einfach nur der falsche Inhalt für den heutigen Tag. Und nein, ich bin kein undankbarer Mensch – ich bin sogar ein sehr dankbarer Mensch. *Eigentlich...* Wenn ich nicht allzu oft mit dem liebäugeln würde, was ich gerade nicht habe, oder meine Gedanken sich nicht ständig in anderen Optionen verrennen. Ich könnte vielleicht sagen, ich bin manchmal erst im Nachhinein dankbar, anstatt zu schätzen, was ist – und zwar genau *jetzt*.

**Der schwarze Punkt**

So taucht an diesem herrlichen Morgen, an dem eigentlich alles gut ist, dieser blöde schwarze Punkt wieder auf, der mir den Tag vermiest und mir die Sicht auf die Wirklichkeit verbaut.

*Welcher schwarze Punkt?* Stell dir ein weißes Blatt Papier vor, das in der Mitte einen schwarzen Punkt abbildet.

*Was siehst du jetzt?* Genau. Den schwarzen Punkt. Kaum jemand würde sagen, dass er viel weißes Papier sieht, das in der Mitte ein schwarzer Farbklecks unterbricht. Das Weiß des Papiers nehmen wir nur hintergründig wahr – es ist einfach da.

Stattdessen dreht sich alles um den schwarzen Punkt.

*Verhält es sich nicht so auch mit unserer Dankbarkeit?*
*Sehen und schätzen wir nicht oft ausschließlich das, was auffällt?*
*Was uns ins Auge fällt, weil es abweicht?*
*Weil es außergewöhnlich oder selten ist?*
*Oder das, was wir uns so sehnlich gewünscht haben?*

Das gewöhnlich Vorhandene betrachten wir als selbstverständlich – und deshalb manchmal gar nicht mehr...

Dabei kann Dankbarkeit alles sein: Dass mir ein Fremder mit dem Rucksack hilft oder dass die Bahn mich sicher ans Ziel bringt. Dankbarkeit bedeutet, das zu schätzen, was ist. Und nicht immer zu bemängeln, was fehlt.

## Fünf Ideen, um unsere Dankbarkeit zu trainieren

**Täglich einem Menschen Danke sagen //** Manchmal scheinen die Mitspieler auf unserer Lebensbühne einfach da zu sein. Dabei ist es alles andere als selbstverständlich, wenn nichts das Band einer Familie entzweien kann; wenn die nette Kollegin im Büro längst eine Freundin ist; wenn der Postbote das Paket ins geheime Gartenversteck legt; die Nachbarn das Zuhause im Blick haben, während man im Urlaub ist; die Freunde Trost spenden oder spontan einspringen, wenn ein Babysitter fehlt...

Die Menschen in unserem Leben sind ein Geschenk. Unersetzbar, und wir bemerken ihren Wesenswert manchmal erst, wenn sie plötzlich fehlen.

Andere wissen zu lassen, dass wir sie schätzen, stärkt unsere Dankbarkeit und ihr Selbstwertgefühl. Außerdem bewirken Wertschätzungen, dass die anderen diese positive Energie weitergeben.

**Einen Augenblick mit den Augen der Dankbarkeit betrachten //** Nimm dir einen bestimmten Zeitpunkt am Tag, um ganz bewusst alles zu genießen, was dir begegnet: Du kannst zum Beispiel auf dem Arbeitsweg die Autofahrer wertschätzen, die dich in eine andere Spur lassen, den Fremden, der dir ein Lächeln schenkt, die Bäckerei, die den besten Kaffee der Stadt macht.

Suche in verschiedenen Situationen nach dem Guten. Vor allem in denen, die du als gewöhnlich oder negativ betrachtest.

Es gibt immer etwas Gutes – man muss es nur wahrnehmen. Wie das Weiß des Papiers, also manchmal nur den Fokus verändern.

**Einen Gegenstand als symbolische Erinnerung verwenden //** Ein schöner Stein, ein kleines Geschenk oder ein anderer Gegenstand können den Wert der Dankbarkeit vergegenwärtigen und uns an eine dankbare Grundhaltung erinnern. Sobald wir den Gegenstand sehen oder ertasten, können wir einen Augenblick innehalten, um das Gefühl des Dankens zu erfahren.

**Scheinbar Selbstverständliches vergegenwärtigen //** Der beste Weg zur Intensivierung von Dankbarkeit ist, die Geschenke wertzuschätzen, die wir oft als selbstverständlich betrachten. Wenn wir Lebensmittel im Kühlschrank, Kleidung im Schrank oder ein Dach über dem Kopf haben, ergeht uns besser als 75% der Weltbevölkerung. Wenn wir drei Mahlzeiten am Tag zu uns nehmen, geht es uns besser als einer Milliarde Menschen, denen nur eine Mahlzeit am Tag zur Verfügung steht. *Hast du ein Telefon, ein Auto, die Chance auf Bildung oder bezahlte Arbeit? Ist deine Familie gesund? Hast du einen Computer mit*

*Internet-Zugang, um mit der Welt verknüpft zu sein?*

Wir sollten diese Segnungen neu schätzen lernen, denn den meisten Menschen bleiben sie ein Leben lang verwehrt.

Uns geht es gut.

Dafür dürfen und sollten wir dankbar sein.

**Uns selbst danken //** Und zuletzt: Vergiss nicht, für deine eigenen positiven Eigenschaften und Werke dankbar zu sein. Erfreue dich nicht nur an den großen Erfolgen, sondern auch an den kleinen Taten. Wir alle wünschen uns Anerkennung von anderen, aber die größte Anerkennung ist die, die wir uns selbst schenken.

Lehne dich einmal zurück und sei dankbar für dein tägliches Tun: Wie du den Alltag organisierst, dass du den Spagat zwischen Familie und Beruf, Kindern und pflegenden Angehörigen schaffst, wie liebevoll du den Geburtstagstisch gedeckt hast, was du Gutes in die Welt bringst...

**»Nicht die Glücklichen sind dankbar. Es sind die Dankbaren, die glücklich sind«**,

sagte der Maler Francis Bacon.

Dass wir uns darauf fokussieren, was uns fehlt, anstatt wertzuschätzen, was wir bereits erhalten oder erreicht haben, ist kulturell konditioniert. Indem wir einige dieser kleinen Gewohnheiten der Dankbarkeit täglich praktizieren, können wir jene konditionierte Haltung des Mangeldenkens auflösen und mehr Freude und Zufriedenheit erfahren – dann streben wir nicht immer nur nach dem, was wir nicht haben, sondern erfreuen uns an dem, was längst da ist.

**Ach ja, wie meine Fahrt ausgegangen ist…**

Beim nächsten Halt stieg eine etwa sechzigjährige Frau ein und fragte, ob der Platz neben mir noch frei sei. »Ja«, sagte ich, und wünschte insgeheim, er wäre frei geblieben. Schließlich fahre ich Zug, um zu schreiben. Will mich in meine Welt zurückziehen, ohne sie zu teilen, ohne dass die Blicke eines anderen auf meinem Desktop verweilen. Mein liebster Sitznachbar ist deshalb mein Rucksack. Und dennoch sind der hilfsbereite *Gepäckträger*, die unerwünschte Sitznachbarin und ich ins Gespräch gekommen. Irgendwie ungewollt, aber es ließ sich auch nicht verhindern.

Jeder berichtete, wohin ihn sein Weg führte, dass er heute keine Lust auf diese Reise habe, obwohl jeden etwas Wundervolles erwarten würde. Anders als die Bahn, nahm das Gespräch Fahrt auf, sodass man das stockende Vorankommen vergaß, und die besondere Begegnung dreier Unbekannter, die – so glaube ich – an diesem Morgen ein ganzes Abteil unterhielten, zu einem magischen Moment wurde.

Die elfenhafte Bildhauerin mit niederländischem Akzent bekräftigte mein Vorhaben der Selbstständigkeit: »...weil man immer das machen muss, was man innerlich möchte. Dann wird es auch gelingen. Nur dann lebt man. Alle, die das nicht machen, haben auch eine Wahl getroffen: Sie haben die Sicherheit gewählt. Eine vermeintliche Sicherheit«, fügte sie hinzu, »denn wahre Sicherheit kann man nur in sich selbst finden«.

Als ich aussteige bin ich sehr dankbar. Und sicher, dass es die beiden auch sind.

Reisen macht Spaß.

Reisen ist ein Privileg – und sicher Ankommen auch.

Danke!

Am Ende wusste ich: Viel schöner, als im Zug zu schreiben, ist es, über das zu schreiben, was im Zug passiert. Ich musste mich dazu erst auf das Leben einlassen und den schwarzen Punkt als das erkennen, was er ist:
Winzig, im Vergleich zum wunderbaren Weiß.

# Sei tapfer // warum schwere Zeiten wichtig sind und wie du sie bestehst

Es ist relativ einfach, glücklich und zufrieden zu sein, wenn die Dinge in unserem Leben rund laufen. Wenn nichts aneckt und sich alles anfühlt, als solle es genau so – oder zumindest so ähnlich – sein wie es gerade ist. Wenn wir wertvolle Menschen um uns herum, einen soliden Job unter unseren Füßen, ein Ziel und viele Pläne vor uns haben.

*Aber was passiert, wenn sich die Umstände plötzlich ändern?*
*Wenn das stabile Gerüst zu wackeln beginnt, der Boden einsinkt, das Gerüst einbricht und das Glück mit uns in die Tiefe stürzt?*
*Bleibt es auch da unten bei uns?*
*Oder weicht es der Einsam- und Hoffnungslosigkeit?*

Irgendeine Bedrängnis fällt dem Leben immer ein, um uns zum Wackeln oder gar Umfallen zu bringen: eine große Tragik oder das subtile Gefühl, dass wir nicht in der eigenen Spur laufen; dass irgendetwas nicht stimmt.

Ein Leben ohne Tiefen gibt es nicht.

Sie werden kommen. Und es ist gut, dass sie kommen, denn sie gehören zu unserem Leben dazu. Tiefen und Niederschläge ermöglichen Wachstum, verursachen Veränderung und lassen uns Dinge überdenken.

Vielleicht können wir sie kommen sehen, vielleicht überrumpeln sie uns. Doch wenn sie da sind und wir zeitweise nicht mehr wissen, wo oben und unten ist, wer wir selbst sind und uns fragen, warum das Schicksal mit giftigen

Pfeilen auf uns schießt, können folgende vier Ideen dabei helfen, schwere Zeiten mit mehr Sinn und Milde zu bestehen.

## Vier Anregungen, wie du besser durch schwere Zeiten kommst

**Die Gefühle annehmen //** Während wir virtuell immer mehr mit *Emojis* ausdrücken, drücken wir uns im analogen Leben gern vor den unangenehmen Gefühlen. Wir möchten keinen Schmerz spüren und würden ihm am liebsten davonlaufen, ihn abschütteln – einfach hinter uns lassen. Nur leider funktioniert das nicht…

Das Gegenteil ist sogar der Fall: Wir bewältigen und verarbeiten unseren Seelenschmerz, indem wir ihm begegnen und ihn erfahren. Indem wir die Emotionen ansehen und auseinandernehmen, sie verstehen und wieder zusammensetzen, können wir uns selbst heilen.

Erlaube dir also, Schmerz zu fühlen.
Es ist okay, dass es wehtut.
Deine Tränen sind okay.
Sie sind dafür da, geweint zu werden.
Weine sie, damit du bald wieder lachen kannst.

Weil kein Leben einzig aus Schmerz besteht, aber jedes Leben aus Dualität, kannst du nur Schmerz empfinden, weil du weißt, wie sich Freude anfühlt. Und weil jedes Element des Lebens so vergänglich ist wie das Leben selbst, wird auch die Schwermut vergehen. Ergründe den Sinn hinter ihr und schenke ihr den Raum, den sie verlangt. Mache sie nicht größer als sie ist, aber versuche auch nicht, sie zu ignorieren. Bette sie in das große Ganze ein – so machst du deine Sorgen weder größer noch kleiner, aber setzt sie in Relation – und das verkleinert sie am Ende doch.

Schenke dem Schmerz die Zeit, die er bei dir sein möchte. Du bist nicht allein. Der Schmerz ist bei dir, um dir zu helfen, dich zu befreien, damit dein Leben wieder leichter wird und zurück in die richtige Bahn findet.

Hindernisse, Tiefen und Wendepunkte sind Lehren des Lebens, an denen wir wachsen und zu dem werden können, der wir in dieser Welt sein sollen.

Nichts geschieht ohne Grund. Doch den Sinn hinter dem Schmerz verstehen wir oft erst in der Rückschau, wenn wir diese Phase im Zusammenspiel mit unserem gesamten Leben betrachten. Auch wenn wir nicht jeder Krise eine Sinnhaftigkeit abgewinnen können, gehören sie doch unweigerlich zu unserem Sein dazu. Wir sollten sie und das Unveränderliche annehmen – mit allem, was dazugehört – und nach einer Weile unseren Weg gestärkt weitergehen.

**Das Glück in uns suchen //** Insbesondere, wenn es schwer wird, wollen wir das Gewicht am liebsten abgeben. Wir versuchen uns abzulenken und die leeren, ungefüllten Bedürfnisse mit Äußerlichkeiten zu stopfen. Ganz gleich, ob mit einer Shopping-Tour, einer Fertig-Pizza oder einer Flasche Rotwein – spätestens am nächsten Morgen wachen wir auf und die vermeintliche Fülle wurde verdaut. Die Leere taucht wieder auf, weil oberflächliches Glück niemals einen tiefgründigen Schmerz lindern kann. Es kann ihn vielleicht betäuben, aber nicht erreichen und schon gar nicht auflösen.

Denn wahres Glück kommt von innen – und nicht aus einer Plastiktüte, vom besten Dönerladen der Stadt oder als Flaschengeist aus irgendeiner Weinflasche. Immer.

Auch in unseren schwierigsten Zeiten. Auch dann, wenn wir meinen, von innen steige nur leerer, dunkler Rauch auf, den wir mit aller Macht durch irgendeine Ablenkung löschen wollen, bringt unser Inneres auch Licht hervor.

Etwas Neues lernen, dankbar und neugierig sein, spielen oder sich bewegen, beten oder meditieren, Zeit in der Natur oder mit lieben Menschen verbringen, kann uns wahres Glück schenken. Zunächst ein bisschen und dann immer mehr. Auch in der schwersten Zeit. Auch dann, wenn du nicht daran glaubst.

Also verstecke dich nicht vor den Schattenseiten des Lebens. Beginne zu meditieren oder zu malen oder lerne etwas Neues. Tue, was dir guttut, so nährst du dich selbst. Dass wahres Glück von innen kommt, ist ein Geschenk des Lebens an jeden von uns. Du hast deine eigene Quelle, die niemand abdrehen kann – nicht einmal du selbst.

**Dankbar sein – auch für die kleinen Dinge //** In den dunklen Zeiten steht das Leben nicht nur Kopf – man sieht auch nichts und vergisst so einiges, was längst verinnerlicht war, einschließlich unserer Dankbarkeit.

Sobald wir von unseren Emotionen überwältigt werden, überlagern sie die rationalen Denkprozesse. Wir vergessen förmlich das Gute in unserem Leben. Dabei ist das Schöne an der Dankbarkeit, dass sie lediglich eine Frage der Perspektive ist:

Jeder Moment bietet die Chance zum Dankbarsein.

Auch wenn du es zeitweilig nicht fühlen kannst, weißt du doch, für welche Menschen, Ereignisse oder Gegebenheiten du dankbar sein kannst.

Denke darüber nach.

Suche das Gute in deinem Leben.

Lasse nicht zu, dass der Schmerz alles schwarzmalt, was vor einiger Zeit noch geleuchtet hat. Sei dankbar, so gut es gerade möglich ist. Und sei dann dankbar, wenn es dir deshalb besser geht.

**Achtsam sein //** Besonders in den schwierigen Lebensphasen möchte ich am liebsten alles andere als achtsam sein. Ich möchte in diesen Zeiten die Tage oder Wochen, ja manchmal sogar die Monate vorspulen können, um die belastenden Emotionen zu überspringen und dem Jetzt zu entfliehen.

Dabei ist das Jetzt das Einzige, was wir wirklich besitzen.

Auch wenn es schwer ist, sollten wir annehmen, dass wir sind, wo und wie wir gerade sind: Im Dunkeln, vielleicht auf der schwierigsten Etappe unseres Lebens.

Und klar ist es dort nicht schön.

Und natürlich wollen wir so schnell wie möglich weiter. Doch diese Gegenwehr erfordert viel mehr Energie als die schlichte Akzeptanz des Leidens im Jetzt.

Achtsamkeit ist in aller Munde, aber längst noch nicht in allen Leben präsent. Sie zu praktizieren verhilft, die Dinge zunächst einfach so zu nehmen, wie sie entstehen: ohne Bewertung, Bedenken oder Einwand.

Reue über Vergangenes oder Sorgen um die Zukunft – das machen erst wir. Die Dinge sind wie sie sind – mit all ihren Vor- und Nachteilen. Und oft gar nicht so schlimm, wie unser Kopf uns suggeriert.

Du bist *jetzt* hier:

Im Hier und Jetzt.

Schreite tapfer durch die schwere Zeit, denn sie macht das Leben tiefer, dich stärker und zu dem, der du sein sollst.

# Sei wachsam // warum positives Denken so schwer ist und wie es gelingt

Morgen wartet neben dem übergroßen Papierstapel auch der Chef im Büro auf mich – von der Präsentation hängt mein Job und somit meine Zukunft ab. Vor Aufregung werde ich bestimmt schlecht schlafen, erst gegen fünf Uhr morgens in den Tiefschlaf fallen, deshalb den Wecker überhören und zu spät sein. *Was ist, wenn die Technik wieder streikt? Ein Blackout meinen Erzählstrang zerreißt?* Pfeif drauf! Die Gedanken helfen mir jetzt auch nicht weiter – im Gegenteil, sie ziehen das Schlechte nur an.

*Warum scheint die Schwarzmalerei oft viel einfacher als das Leben in bunt zu malen?*

Gedankenlos greife ich zum schwarzen Stift, male damit meinen Tag und mein Leben an. Zuerst male ich schwarz, und dann, es geht ja gar nicht anders: sehe ich schwarz.

Das zeichnet mich und mit jedem weiteren Tag mein Leben, aber mich eigentlich gar nicht aus. Ich bin ein positiver Mensch mit Lach- und keinen Zornesfalten, weil ich die Sorgen gerne klein falte. Doch je öfter ich diese Zeilen lese und je öfter ich jene Gedanken denke, umso negativer werde ich.

Was wir täglich denken, formt unsere Welt,
weil die Gedanken, die wir denken, unser Leben lenken.

### Raus aus dem negativen Denken

Gefangen im fensterlosen Keller des Pessimismus wage ich die Suche nach dem Lichtschalter nicht – *den gibt's doch sowieso nicht.*

*Wie also komme ich hier wieder raus?*

*Ist die negative Geisteshaltung eine Sackgasse?*

Ja und nein.

Ja, weil sie uns nicht weiterbringt.

Und nein, weil man ihr jederzeit mithilfe einfacher Techniken entkommen kann.

### Hintergrund: Unser Gehirn ist ein Gefahren-Scanner

Die größte Herausforderung für die Entwicklung einer positiven Geisteshaltung ist unser Gehirn, das evolutionsbedingt unablässig nach Gefahren sucht. Während diese Suche unseren Vorfahren, die überall von Bedrohungen umgeben waren, das Überleben sicherte, lauert heute kein gefährliches Tier hinter dem nächsten Busch.

In echten Gefahrensituationen funktioniert und beschützt uns dieser Mechanismus noch immer.

Aber inzwischen sind wir längst keine Jäger und Sammler mehr und mit steigender Entwicklung sind die Gefahren gesunken – nur das Gehirn ist diesen noch immer auf der Spur. Dabei ist das Gefährliche inzwischen nicht mehr unsere Umwelt, sondern jene Geisteshaltung, die mit dem permanenten Gefahren-Scan Pessimismus und Negativität erzeugt.

Im unbewussten Alltagsmodus bemerken wir dies oft nicht. Wir reflektieren nicht, wie groß oder wie echt die gefundene *Bedrohung* in Wirklichkeit ist. Unsere Gedanken werden zum Selbstläufer. Sie erfinden binnen Sekunden eine alternative Realität, spinnen Netze und finden Zusammenhänge, die auf erdachten Annahmen basieren. Das passiert völlig unbewusst – wir bemerken erst die dadurch entstehenden und auf uns wirkenden Emotionen und Reaktionen: Angst, Wut, Eifersucht, Traurigkeit, Misstrauen... Denn sobald der Hippocampus in unserem Gehirn *Gefahr* vermittelt, reagieren wir mit Stress, um *kämpfen oder fliehen* zu können, wie unsere Vorfahren es einst mussten.

Bringt man diesen abstrakten Prozess auf eine gegenständliche Ebene, erkennt man, dass unser Gehirn, zum Schutz unseres Selbst, wie eine Alarmanlage funktioniert – die für die heutigen Gefahren zu sensibel eingestellt ist.

Zuerst glauben und dann unterliegen wir den Emotionen, ohne die dafür ursächlichen Gedanken zu hinterfragen.

*Sind sie überhaupt wahr?*

*Betrifft mich diese Begebenheit wirklich?*

Der einfachste Weg, unsere Gefühle zum positiven zu verändern, ist es also, unsere Gedanken zu verändern. Denn wir sollten die Gedanken im Griff haben – nicht andersherum. Deshalb müssen wir die natürliche Arbeitsweise unserer *Alarmanlage* gewissermaßen überlisten, indem wir auf uns einreden und uns bewusst machen, dass wir sicher und von Gutem umgeben sind. Dass vieles, was wir denken, nur *aus*gedacht ist oder keine Relevanz für uns hat. Und dass der hohe Papierstapel oder die Präsentation kein wildgewordener Löwe, sondern höchstens die Anweisungen des haarigen Chefs sind.

**Wer bunt malt, lebt gesünder**

Eine pessimistische Geisteshaltung macht nicht nur keinen Spaß, sie wirkt auch negativ auf unsere

Gesundheit – Wissenschaftler konnten in zahlreichen Studien nachweisen, dass Optimisten geistig, aber auch körperlich gesünder sind.

## Drei Impulse für gute Gedanken

**Trenne Fakten von Fantasie //** Der erste Schritt des positiven Denkens ist das negative Denken zu begrenzen.

Was wir denken, besitzt Macht, Raum und Energie.

Ganz gleich, ob es bewusste oder unbewusste, positive oder negative Gedanken sind – Gedanken sind eine unsichtbare Kraft, die sich im Sichtbaren manifestiert.

Oft ziehen sie nicht nur durch unseren Kopf hindurch, sondern bleiben hängen und kreisen. Wir kennen sie von gestern oder vorgestern, aus der letzten Woche oder manchmal sogar aus den letzten Jahren. Ungefiltert lassen wir die Gedanken entstehen und in unserem Kopf walten. Sie werden zur Gewohnheit – zu unserem Denkmuster, anhand dessen wir die Welt wahrnehmen und die Dinge messen.

Jener geistiger Dauermonolog besteht zum großen Teil aus negativen Annahmen, Anklagen und Ängsten. Viele dieser unbewussten Sorgen sind gar nicht wahr. Doch unser Gehirn glaubt, was wir denken, so wie unser Magen verdaut, was wir schlucken. Unser Gehirn schluckt es auch. Und deshalb sollten wir gut überlegen, mit was wir seinen Hunger stillen.

Denn Gedanken sind die Nahrung für unsere Seele.

Im Vorhaben, die negativen Gedanken zu begrenzen, kann es hilfreich sein, das komplette Kopfgeflüster einmal aufzuschreiben und schließlich objektiv zu überprüfen:

*Haben es die anderen wirklich immer auf mich abgesehen? Muss immer ich alles ausbaden? Bin ich wirklich ständig zu spät? Mache ich alles falsch? Komme ich immer als Letzter ins Ziel? Bin ich wirklich so unaufgeräumt? Unzuverlässig? Ängstlich? Zu direkt? Verlogen? Engstirnig? Egoistisch?*

Bewusstsein über unsere Gedanken zu erlangen und sie auf ihren Wahrheitsgehalt zu überprüfen, ist der erste Schritt zu einer positiven Geisteshaltung.

**Halte Ausschau nach Positivem** // Wenn wir die negativen Gedanken ertappt haben, ist es nun an der Zeit, das Gehirn mit Neuem zu füttern – die negativen durch bejahende Gedanken zu ersetzen.

Suche dafür bewusst nach Positivem.

Es mag Zeiten geben, da gelingt dies ganz einfach und es gibt Zeiten, da findet man scheinbar nur wenig Gutes. Ganz egal, wo du in deinem Leben gerade stehst: Suche im Heute, im Gestern, in der vergangenen oder nächsten Woche nach etwas Positivem.

Wir müssen das Gehirn gewissermaßen umtrainieren, indem wir ihm zeigen, worauf es den Fokus lenken soll. Wenn die Gedanken bisher die meiste Zeit willkürlich auf dem weiten Ozean umhertrieben, kannst du nun das Netz bewusst nach dem Gutem auswerfen. Halte dich an den guten Gedanken wie an einem Anker fest, damit du, wenn dein Kopf wieder Negatives angelt, diesen Impuls sogleich durch einen positiven ersetzen kannst.

**Sei dankbar //** So wie Pessimismus Unzufriedenheit gebärt, bringt Optimismus Dankbarkeit hervor.

Die Ausrichtung auf das Gute bewirkt eine dankbare Haltung, die wiederum – bedingt durch einen niedrigeren Cortisolspiegel – zu besserer Laune, mehr Energie und weniger Ängsten führt.

Sei dankbar für das, was ist und zuversichtlich, dass kommt, was du dir wünschst. Denn mit den Gedanken erschaffst du deine Wirklichkeit. Angstvoll und pessimistisch zu sein, nimmt den schönsten Augenblicken seine Schönheit und dem Jetzt seine Zeit.

## Male nicht schwarz – lebe bunt

Unsere Lebensumstände können gut oder schlecht sein, aber wie wir damit umgehen, wie und was wir (über sie) denken, liegt einzig an uns. Das heißt nicht, dass wir alles Schlechte einfach schöndenken und jede negative Erfahrung mit den bunten Stiften unseres Malkastens überpinseln sollen und dann alles wieder gut ist... Nein. Es muss die warnenden und negativen Gedanken zeitweise geben. Aber wir malen häufig völlig grundlos alles schwarz, übersehen die Farben des Malkastens und konstruieren eine Wirklichkeit, die der Realität nicht entspricht, sondern sie erst entstehen lässt.

Im Gegensatz zu so vielem, entscheidet zum Glück kein anderer darüber, was in unseren Köpfen vor sich geht. Und obwohl in der Wahl der Gedanken der Schlüssel zum Glück liegt, denken wir oft *gedankenlos*.

## Gedanken sind die Taschenlampe unseres Lebens

Gefahren zu scannen, und somit eine negative Grundhaltung als Negativ des Lebens zu verwenden, bedarf also keiner Anstrengung – optimistisch zu sein hingegen, erfordert ein täglich neues Ausrichten, Fokussieren und achtsames Beobachten der eigenen Gedanken.

Ihre Ausrichtung gleicht dem Kegel einer Taschenlampe: Wir sehen, worauf wir unsere Aufmerksamkeit lenken. Schalten wir unsere *Taschenlampe* nicht ein, bleibt es dunkel, weil wir weiter schwarzmalen. Wir sparen unsere Batterien, weil wir im unbewussten Modus laufen, in dem unser Gehirn wie in der Steinzeit eifrig nach Gefahren sucht – nach all den Raubtieren, die es im Heute nicht mehr gibt – die dann aber trotzdem wie Steine in unserem Weg herumliegen und uns bedrohen.

Sobald wir aber unsere Taschenlampe einschalten, also an unserer *Einstellung* arbeiten, können wir eine positive Geisteshaltung entwickeln und unser Leben erhellen. Wenn wir mit unserer Taschenlampe das Gute zum Leuchten bringen und die guten Gedanken einschalten, können wir die Schätze in unserem Leben erkennen.

Überprüfe die Qualität deiner Gedanken und sei wachsam, wenn dein Kopf dir Märchen erzählen möchte.

Mit guten Gedanken malst du eine bunte Welt.

# Sei bewusst // warum die Atmung der Anker ins Jetzt ist

Als Teil der Gesellschaft bin ich immer wieder Teil der Gesellschaft: Laufe manchmal mehr mit, als den eigenen Weg zu gehen. Fühle mich unfrei, anstatt die Freiheit zu feiern. Beschleunige, anstatt im Stehenbleiben ein Kinderlachen zu bestaunen. Werde getaktet, anstatt ein Leben zu leben, für das mein Herz schlägt – und komme so aus meinem Rhythmus, aus meiner eigenen Lebensmelodie.

Ich fühle mich gestresst und gehetzt und stelle abends fest, dass es wieder ein beladener Tag ohne Zeit zum Luftholen war. Ich frage mich, wie ich dennoch überleben konnte und kenne damit bereits die Antwort:

Ich habe überlebt – nicht gelebt.

Ich bin da gewesen, ohne wirklich hier gewesen zu sein.

Ich habe geatmet, ohne dass mir ein einziger Atemzug bewusst wurde.

*Wie paradox, dass ich jede defekte Glühbirne sofort austausche und den leeren Tank des Autos selbstverständlich auffülle. Doch bei blinkendem Warnzeichen meines Körpers mache ich gekonnt weiter.*

Weil es geht.

Weil mich mein Körper durch den Tag atmet, wenn ich den Takt längst verloren habe.

So lange, bis es nicht mehr geht.

Doch noch geht es, und deshalb geht es am nächsten Morgen genauso weiter: Weckerklingeln, duschen, ein Kaffee zum Wachwerden. Den Arbeitsweg mit dem Smartphone in der Hand und einem Kopf voller Gedanken bestreiten, während die Welt ihren Zauber von mir unbeachtet tanzt. Ein Blick hoch vom Smartphone als ich an der Ampel stehe – die anderen machen es genauso.

Angekommen.

An der Arbeit. Im Alltag.

Alltag heißt: Die Dinge tun, die man täglich tut.

Dinge täglich tun heißt: Man kennt sein Tun.

Man kennt sein Tun heißt oft: Gedankenloses Abspulen.

**Durch das Leben schlafwandeln**

*Spulen wir unser Leben nicht viel zu häufig ab, als wäre es ein endloser, belangloser Faden, der hin und wieder einen nervigen Knoten bildet?* Wir verheddern uns in unseren Mustern, verlieren uns in unseren Gedanken und arbeiten dabei stetig auf etwas hin, um schließlich irgendwo anzukommen.

*Aber wo?*

In der Schule, in der Ausbildung oder im Studium, im Berufsleben, im Feierabend, im Jahresurlaub, in der Rente. Am Lebensende. Und am Ende sind wir nur am Ende, aber nicht angekommen, weil wir uns immer schon im Aufbruch befanden.

Wir haben zwar die Feste gefeiert, den Zauber gespürt, und in den Tiefen des Lebens seinen Sinn hinterfragt, *doch spazieren wir nicht viel zu oft schlafwandelnd durchs Leben?*

Hoffen auf ein besseres Morgen und haben unser Bewusstsein mit dem einmal Gelernten auf Autopilot gestellt. Als hätte uns jemand auf Schienen platziert und ein Ziel programmiert, rasen wir durch die Welt und stellen am Ende der Fahrt ernüchtert fest, wie viel wir verschlafen haben.

Wir sind angekommen, aber nicht am Ziel.

Doch die Fahrt ist nun vorbei. Man kann nicht noch einmal einsteigen und weiter-, oder zurückfahren. Die Glühbirne ist jetzt erloschen, der Tank leer. Die Atemzüge sind gezählt, während wir die Tage oder Jahre zählen, in denen wir fremdbestimmt und zukunftsorientiert vor uns hinvegetiert und ganz achtlos – während so vieler wertvoller Momente – unser Leben verpasst haben.

*Klar, ein Moment ist nur ein kurzer Augenblick.*

Aber viele Momente bilden unser Dasein.

Oder eben: Unser Nicht-da-Sein.

Deshalb:
Schließe *jetzt* deine Augen.
Nimm deinen Atem wahr.
Wie er in dich einfließt
und wieder ausströmt,
dich mit Energie versorgt.
Du lebst!
Jetzt und hier.
Leben ist ein Geschenk.
Begreife es,
bewahre es.
Packe es an und aus.
Lebe es.
Jetzt.

**Achtsamkeit nicht schwerer als Achtlosigkeit**

Alles was wir tun, tun wir entweder achtsam oder achtlos.

Es ist leicht nachvollziehbar, warum man sich nicht zum Sport aufrafft, die Schokolade einem Smoothie vorzieht oder eine Aufgabe ewig vor sich herschiebt: weil das kurzfristig angenehmer ist.

*Aber welchen Sinn macht es, achtlos zu sein?*

In der Achtsamkeitspraxis geht es darum, die Gedanken und das Bewusstsein zu fokussieren und mit allen Sinnen wertfrei und offen wahr- und anzunehmen, was gerade ist. Nichts als selbstverständlich betrachten, sondern sich für das Wunder des Augenblicks öffnen. Alles wieder auf Anfängergeist stellen und die Welt ein Stück weit wie ein Kind entdecken, das noch staunen, sich be*geist*ern lassen und im Moment versinken kann, wenn etwas die eigene Aufmerksamkeit gefangen hat. Das versetzt in die Gegenwart und somit ins bewusste Sein. Denn häufig schenken wir den Dingen, die wir kennen, keine echte Aufmerksamkeit[1].

1 + 1 = 2

Das nehmen wir für selbstverständlich und schauen nicht weiter hin.

*Aber wie viel ist 1 Schneehaufen + 1 Schneehaufen?*

Ein Wunder, dass die Gleichung in diesem Fall nicht aufgeht. Dabei ist alles ein Wunder. Dass die Sterne am Nachthimmel funkeln, das Laub sich färbt und von den Bäumen fällt oder eine Umarmung Wärme schenkt.

*Warum?*, haben wir als Kinder immer gefragt. Wir haben die Welt entdeckt und uns von Details begeistern lassen. Doch mit jedem Lernen haben wir offensichtlich eines *ver*lernt: Das Staunen.

---

*1* Ellen Langer, Professorin für Psychologie an der Harvard University, ließ in ihren Studien Probanden Aktivitäten durchführen, die diese für gewöhnlich nicht mochten – klassische Musik hören, ein Fußballspiel oder ein Gemälde ansehen beispielsweise. Eine Gruppe sollte diese Aktivität wie gewohnt durchführen, der anderen Gruppe erteilte sie den Auftrag, dabei zwei, drei oder fünf neue Dinge zu erkennen.

Das Ergebnis zeigte: Je mehr Neues die Teilnehmer entdeckten, umso mehr mochten sie die Tätigkeit.

Das Gute ist, dass *jeder* Moment eine neue Chance zum achtsamen Sein bietet. Wir können sofort damit beginnen.

**Die Macht der Achtsamkeit**

Inzwischen gibt es unzählige Studien, die den positiven Einfluss der Achtsamkeit unter anderem auf unsere Gesundheit, unser Glück und unsere Effizienz erklären. Dabei nimmt die Achtsamkeit nicht nur Einfluss auf die Lebensqualität, sondern sie ermöglicht Leben – im Sinne von bewusstem Sein – überhaupt. Wer unbewusst lebt, existiert nur – ohne Sinne, also sinn*los*, und dies kann unmöglich unser Lebenssinn sein.

Chade-Meng Tan, Google-Pionier und internationaler Bestseller-Autor, geht sogar so weit, dass nur sechs Sekunden Achtsamkeit die Effektivität erhöhen.

*Warum?*, und *wie geht das?*, fragt jetzt das Kind in mir und staunt. Tan kennt die Antwort: Es bedarf nur eines achtsamen Atemzugs. Weil wir einen achtsamen Atemzug meist tief und langsam ausführen und dies das parasympathische Nervensystem aktiviert, werden wir ruhig. Zudem bringt uns achtsames Atmen mit unserem ganzen Bewusstsein in die Gegenwart.

Wenn wir etwas bedauern, bewegen wir uns in der Vergangenheit; wenn wir uns sorgen, springen wir in die Zukunft. Wenn wir aber unsere gesamte Aufmerksamkeit auf den Atem lenken, sind wir in der Gegenwart. Unser Körper und Geist entspannen, sodass wir einer neuen Situation mit Präsenz und Fokus begegnen können.

Auch Novak Djokovic, lange Zeit die Nummer eins der Weltrangliste im Tennis, bedient sich dieser Technik. Und warum sollten wir nicht können, was Djokovic kann. *Er kann vielleicht besser Tennis spielen als wir, aber so gut atmen wie er, das können wir doch auch…*

**Den Atem als Anker benutzen**

Wir alle wissen, dass wir ohne zu atmen nicht leben können. Und doch atmen wir die meiste Zeit unbewusst. Lenke die Gedanken auf deinen Atem und nutze ihn, um dich ins Hier und Jetzt zu holen.

Dein Atem fließt immer.

Nimm ihn wahr.

Nimm dich wahr:

Deinen Körper, deine Gedanken und Gefühle.

Deine Umwelt.

Entdecke die Welt.

Laufe nicht länger blind an allem vorbei, nur weil du meinst, die Dinge schon zu kennen.

So siehst du die Schönheiten nicht.

So fühlst du die Sonnenstrahlen nicht.

So spürst du den Weg der Tränen über deine Wangen nicht.

Fangen wir wieder zu staunen an!

Benutzen wir unser Bewusstsein, um die Gedanken zu lenken.

Füllen wir unser Leben mit achtsamen Momenten.

Vertiefen es, leben es.

Mit allem, was dazu gehört.

Und seien wir achtsam, denn:

*Es macht keinen Sinn, es nicht zu sein.*

# III

# SELBSTFÜRSORGE

sorge dich nicht, sorge für dich

*zu sich finden*

## Sei gut zu dir // warum Selbstfürsorge so wichtig ist und wie sie gelingt

Ein stressiger Tag liegt hinter mir. Vielmehr war es eine stressige Woche. Ehrlich gesagt: Es waren sogar mehrere, aber das gebe ich nur ungern zu.

Immer wieder freute ich mich auf diesen *Tag X*, an dem ein Großteil der banalen, aber auch der vermeintlich dringlichen Dinge meiner To-do-Liste abgearbeitet und gestrichen sein würde. Punkt für Punkt hakte ich ab, immer von der Hoffnung auf die Belohnung getragen, die die baldige Massage versprach, das Lesen in meinem Lieblingscafé oder den langen Spaziergang ohne Blick auf die Uhr.

Den vergangenen Dienstag hatte ich zum *Tag X* ernannt: Ich wollte mich gleich morgens mit einer Tasse Tee aufs Sofa setzen, in den Tag hineinleben und mal nicht von der Liste gelebt werden. Ich wollte meine durchgestrichenen Erledigungen zelebrieren und hatte dazu sogar alle Punkte der vielen kleinen Zettel auf einen großen übertragen, um aus den vielen erklommenen Hügeln einen Berg zu formen. *Wer hart arbeitet, dürfe schließlich auch maßstabsgetreu genießen*, dachte ich.

Doch der Dienstag kam schneller als ich es wollte, und sah ganz anders aus, als ich es mir gewünscht und vorgestellt hatte: Keine neue Welt hatte sich eröffnet, mit weitem Horizont und einem Weg ohne Aufgaben. Da war auch kein weißes Papier, ohne Punkte *to do...* – stattdessen hatte ich den Kalender und die Notizzettel auf dem

Küchentisch bereits mit neuen Aufgaben und Terminen gefüllt. So habe ich die Massage durch einen Haushaltstag ersetzt und die Zeit für mich auf später verschoben…

So einfach ist das.

Und so einfach mache ich mich ganz schleichend kaputt.

**Die unscharfe Axt – der unscharfe Alltag**

*Kennst du die Geschichte von dem erschöpften Holzfäller, der seine Zeit und Kraft verschwendete, weil er mit einer stumpfen Axt arbeitete?* Als ihm jemand vorschlug, zunächst seine Axt zu schärfen, antwortete der Holzfäller: »Dafür habe ich keine Zeit, ich muss doch Bäume fällen«.

Ich hatte auch keine Zeit für die Tasse Tee, das verlockende Nichts, geschweige denn für einen Spaziergang ohne Blick auf die Uhr. Ich hetzte weiter durch den Dschungel der Aufgaben und konnte längst nicht mehr klar sehen. Mich nicht, meine Bedürfnisse nicht und alles andere auch nicht. Alles erschien unscharf, weil ich meine *Axt* viel zu lange nicht gewetzt hatte.

**Der ewig unerledigte Punkt meiner To-do-Liste**

heißt Selbstfürsorge. Meist leidet diese unter den stressigen Phasen als erstes und am stärksten.

Und mal ganz ehrlich:

*Wer kennt heute noch stressfreie Zeiten?*

*Eine Kalenderwoche ohne Termine?*

*Einen Tag nur für sich?*

Eigentlich sägen wir doch die ganze Zeit an irgendwelchen Bäumen herum und merken nicht, dass sie einfach nicht fallen wollen. Weil wir uns nicht fallen lassen, uns viel zu viel gefallen lassen, uns die Zeit für uns nicht nehmen und uns damit das Wichtigste nehmen: Die Möglichkeit zum Kräftesammeln.

*Vielleicht ist unsere Welt zu vollgestopft von unerschöpflichen Aufgaben und verlockenden Chancen?*

*Vielleicht schenken wir uns aber auch einfach zu wenig Raum für uns selbst.*

Bei mir jedenfalls stehen alle möglichen Erledigungen auf jener Liste, nur die folgenden nicht:

Die Tasse Tee, der Spaziergang, die Massage.

*Ja, das sind keine Erledigungen…*

Aber indem ich diese nie erledige, erledige ich allmählich mich selbst.

Denn obwohl diese Punkte *want-to-do* sind, fühlen sie sich wie Punkte *have-to-do* an, da ich für sie oft nach der letzten Lücke in meinem Kalender suchen muss. Es scheint, als sei die Selbstfürsorge zwischen all den anderen Erledigungen zu einem weiteren To-do-Punkt geworden.

## Selbstfürsorge bedeutet Selbstwahrnehmung

Meine Selbstfürsorge kommt im Alltag meist zu kurz und manchmal erst im Urlaub länger zu Wort. Dann kann sie mir mal in ganzen Sätzen sagen, was sie eigentlich möchte. Und dann bemerke ich, dass, um ihre Wirkung zu spüren, sie gar nicht viele Stunden eines Tages einnehmen muss.

Selbstfürsorge bedeutet zunächst: Das Lebenstempo auf die Geschwindigkeit und die Reize auf die Anzahl zu reduzieren, um die Signale des Körpers und die Botschaften der Seele wahrnehmen und auf sie eingehen zu können.

Im Hamsterrad laufend und vom Alltag im Alltag gefangen, will mir das an vielen Tagen nicht gelingen.

Selbstfürsorge ist wichtig.

*Wenn wir nicht für uns sorgen, wer dann?*

Selbstfürsorge gelingt nur durch uns selbst – das verrät schon der Name – und ermöglicht, dass wir alles andere mit Freude, Energie und Offenheit erleben können.

**Neun Ideen zur Selbstfürsorge**

Zunächst: Mache nicht den gleichen Fehler wie ich. Selbstfürsorge darf kein To-do-Punkt sein. Schreibe auf, auf welche Weise du gut zu dir sein möchtest und plane ganz konkrete Zeiten in deinem Kalender dafür ein. Aber mische diese Vorhaben nicht unter die Verpflichtungen, sondern notiere sie als Belohnungen.

**Priorisiere //** Die Vielzahl der Möglichkeiten zu begrenzen, schenkt der Selbstfürsorge Raum.

Nimm dich und deine Bedürfnisse wichtig(er).

Ich jedenfalls, werde allen und allem gerecht und dabei allmählich unecht, weil ich auf der Strecke bleibe. Ich hänge mich selbst ab, hake die Dinge nur noch ab, fühle mich seelenlos und wäre ich auch hüllenlos, würde jeder schnell sehen: Ich bin gar nicht da. Mein Selbst ist nicht da. Ich schleppe es nur durch die täglichen Anforderungen und bringe es abends müde ins Bett.

Zwischen mich und mein Ich hat sich viel vermeintlich Wichtiges, scheinbar Dringliches, doch in Wahrheit Belangloses geschlichen, weil all das Wichtige und Dringliche nur dann von Belang ist, wenn ich überhaupt noch da bin. *Vielleicht nicht einmal dann.* Denn häufig ist das Wichtige nicht wichtig und das Dringliche nicht dringlich – wir haben bei unserem ewigen Tun und Machen nur aus den Augen verloren, was wirklich zählt:

Nämlich zunächst einmal wir selbst.

*Begrenzen befreit.*

**Schlafe //** Ich komme müde von der Arbeit und übergehe die Müdigkeit, weil ich Hunger habe. Hunger bedingt Einkaufen, Kochen, Abwaschen und Verdauen. Bin ich einmal auf der Couch angekommen, lässt sie mich so schnell nicht wieder los. Der Müdigkeit gefällt es hier, auch wenn ihr Zuhause im Bett wäre – doch das Bett ist zu weit weg.

Dabei sind wir nach Nächten mit ausreichendem und tiefem Schlaf produktiver, kreativer und können unsere Emotionen besser steuern – kurz: Wir können den Alltag besser meistern.

Versuche eine Abendroutine zu entwickeln, mit der du besser schlafen kannst. Überspringe das Sofa und bringe die Müdigkeit gleich ins Bett. Lies etwas, höre ein Hörbuch und schalte den Fernseher gar nicht ein. Eine warme Dusche, ein entspannender Tee oder ein paar Minuten vor dem Schlafen zu meditieren, bringen die Ereignisse des Tages – und somit auch dich – zur Ruhe.

*Schlaf gut.*

**Trinke (mehr) Wasser //** Der menschliche Körper besteht zu einem großen Anteil aus Wasser – und nicht aus Cola oder Kaffee. Nur mit einem gut gefüllten Wasserhaushalt können wir unser physisches und mentales Potential erbringen.

Besonders am Vormittag ist es wichtig, dem Körper bei seinen natürlichen Entgiftungsprozessen zu unterstützen, indem wir ihm viel Wasser zuführen.

Versuche – anstelle zuckerhaltiger Getränke – deinen Wasserhaushalt mit dem zu füllen, wonach sein Name verlangt. Für einen besseren Geschmack kannst du einfach eine Zitronenscheibe, frische Minzblätter oder Ingwerstücke hinzufügen.

*Zu deinem Wohl.*

**Lies etwas //** Das eigene Leben hält mich manchmal ziemlich fest in meinem eigenen Leben fest. Mein Kopf zieht meinen Horizont eng, bläst kleine Sorgen groß und lässt den Blick über den Tellerrand nicht mehr zu. Ich drehe mich im Kreis, verrenne mich, obwohl ich mir selbst nicht einmal viel Spielraum gewähre.

Beim Lesen geht es nicht darum, dem eigenen Leben davonzulaufen. Es geht darum, den Horizont zu erweitern, die Kreativität und die Fantasie anzuregen, in andere Geschichten einzutauchen, sich in Sprachwelten zu verlieren und neu zu finden.

Wenn wir vollkommen in eine Geschichte eintauchen, können wir die Gedanken des eigenen Lebens für eine Weile abstellen und lernen eine alternative Sichtweise kennen. Oft sehen wir die Welt nur durch unsere individuelle Brille und in den immer gleichen Mustern, erkennen sie manchmal nur in schwarz-weiß.

Lesen bildet. Lesen malt die Welt mit neuen Farben an. Lesen lässt uns durch eine andere Brille blicken und in eine andere Wirklichkeit eintauchen. Und wenn wir auftauchen, erstrahlt die eigene Wirklichkeit plötzlich in neuem Licht, obwohl sich nichts verändert hat – nur unsere Sicht.

Nimm dir ein Buch und nur eine Seite vor.

Oder zehn, oder mehr…

*Lies etwas.*

**Bewege dich //** Der Alltag vieler Menschen ist bewegungsarm. Wir bewegen uns manchmal nur vom Bett zum Bad, vom Bad in die Küche, von der Küche ins Auto, mit diesem fast bis auf den Bürostuhl, bis wir nach Feierabend die Alltagskassette rückwärts abspulen. Ja, das macht müde und träge. Und ja, das Sofa lächelt auch mich an jedem Abend so wunderschön an und gibt mir das Gefühl, den ganzen Tag auf mich gewartet zu haben.

Ich liebe es, mich zu bewegen und bin nur ungern träge. Und obwohl ich von dem Endorphin-Cocktail weiß, der nach ein paar Minuten durch mein Blut schießt und besser schmeckt als jeder alkoholische, fällt es mir oft schwer, meine Sportschuhe anzuziehen.

Bewegung hebt die Stimmung, reduziert Stress und lässt uns vor Energie sprühen.

Du kannst dem Stress des Tages nicht davonlaufen, aber du kannst ihn durch Laufen von dir abwerfen. In nur dreißig Minuten. Also: Verabrede dich und trage die Bewegung als festes Vorhaben in deinen Kalender ein. Wir müssen ja nicht gleich für einen Marathon trainieren oder irgendeinen Rekord brechen wollen.

Gehe kleine Schritte, aber gehe.

Raus an die Luft oder rein in ein Fitnessstudio.

Setze dir ein kleines Ziel, ganz ohne Druck, das du verwirklichen kannst. Ein zehnminütiger Spaziergang an der frischen Luft zum Beispiel. Freue dich, wenn er länger wird, weil du bemerkst, wie gut es dir damit er*geht*. Meist fällt nur der erste Schritt schwer – am Ende wirst du dich viel besser fühlen.

*Bewege dich.*

**Begrenze deine Vorhaben** // *Schleicht schon lange dieses Vorhaben durch deinen Kopf, die Ernährung umzustellen? Weniger Süßes und low carb soll es sein, vielleicht eine Zeit lang mal ganz ohne Fleisch, oder wenn schon, dann gleich vegan?*

Eine gesunde Ernährung ist wichtig. Sie schenkt dir Kraft und Vitalität, um deinen Alltag zu meistern. Doch nimm dir nicht zu viel auf einmal vor. Setze kleine Ziele in nur einem Bereich, aber dafür ganz konkret:

*Was genau willst du verändern?*

*Womit beginnst du?*

*Wann fängst du an?*
*Wie lange willst du es versuchen?*
Und dann erfreue dich an den positiven Effekten.
*Nimm dir so viel vor, wie du schaffen kannst.*

**Verabrede dich //** Ein Anruf in Abwesenheit, eine Nachricht über WhatsApp: »Hey Johanna, wir wollen heute Abend was trinken gehen. Bist du dabei?«.

*Wie schön*, denke ich, *aber heute?*

In Gedanken zieht meine To-do-Liste vorbei und ich muss feststellen, dass da im Laufe der Woche jemand viel weniger Punkte gestrichen hat, als ich bis heute geplant hatte. *Die Heinzelmännchen haben offensichtlich schon wieder gestreikt.* Eigentlich habe ich keine Zeit. Aber egal, also los: »Bin dabei!«.

Und nach wenigen Minuten ist es wie mit der Bewegung: Die Endorphine schießen durchs Blut und *wer denkt jetzt noch an die To-do-Liste?* Ich auf jeden Fall nicht. Ich streiche nicht einzelne Punkte – für heute streiche ich die ganze Liste. Das Leben ist viel zu kostbar, um sich ständig von den Verpflichtungen den Weg ansagen zu lassen.

Darum geht es doch gar nicht.

Zumindest nicht immer.

Heute Abend jedenfalls nicht.

Das gesellige Zusammensein faltet den Alltag und damit auch die Liste klein.

Zeit mit Freunden zu teilen, tut immer gut. Egal, ob man Freudentränen lacht oder traurige Tränen trocknet. Zeit mit Freunden zu verbringen, ist höchste Selbstfürsorge.

*Verabrede dich mit einem Freund.*

**Suche Stille //** Schenke dir fünf stille Minuten. Entschwinde der Welt um dich herum. Vergiss den

Wahnsinn da draußen und blicke nach innen. Lausche deinem Atem, begegne der Stille und der Kraft in dir. Sie trägt dich durch den Tag, durch dein gesamtes Leben und treibt dich an.

Schenke ihr Raum.

Mache die Stille in dir laut, indem du sie wahrnimmst.

Lasse deine Gedanken spazieren gehen, während du dich auf den Atem fokussierst, der dich mit Klarheit und Energie füllt. Auf diese Weise lädst du deine Batterien auf, wirst zufriedener und zentrierter.

*Gönne dir fünf Minuten Stille.*

**Beschenke dich //** Es geht nicht immer darum, etwas zu schaffen, zu erledigen oder zu bewegen. So wie du andere beschenkst, beschenke auch dich.

Wenn du nun fragst: *Warum?*

Frage ich: *Warum nicht?*

Es gibt keinen Grund, sich nicht etwas Gutes zu tun.

Also tue es.

Setze dich in ein Café und bestelle, was du möchtest. Gönne dir eine Massage oder einen ganzen Tag im Spa. Ein gutes Essen oder einen Kinobesuch. Mache einen langen Spaziergang oder spring in einen See. Schlafe aus, mittags nochmal ein oder den ganzen Tag durch. Tue, was du möchtest und was dir guttut, einfach, *weil* es dir guttut. Und genieße es.

Das ist nicht maßlos oder übertrieben, sondern essentiell. Wir haben Gutes verdient, ohne es uns verdienen zu müssen.

*Beschenke dich.*

## Warum Selbstfürsorge nicht nur wichtig, sondern unverzichtbar ist

**Du hast mehr von deiner freien Zeit //** Du hältst so lange durch, bis dein Körper dich in die Schranken weist: Die Migräne am Wochenende, die Erkältung nach Projektende, die ermattende Müdigkeit nach einer Prüfung. Dein Körper ruft *Stopp*, weil du es nicht getan hast.

Für dich selbst zu sorgen hilft dir, diese Flauten zu umgehen und deine *Frei*zeit selbstbestimmt zu gestalten.

**Du arbeitest effizienter //** Manchmal scheint eine Aufgabe immer unlösbarer, je länger du dich mit ihr beschäftigst. Deine Gedanken drehen sich im Kreis, während die Zeit verstreicht und sich Unruhe ausbreitet. Eine Pause gönnst du dir nicht, schließlich läuft dir die Zeit davon.

Nimm sie dir.

Geh weg, komm wieder und schau dir die Sache von neuem an. Pausen sind der Inbegriff von Selbstfürsorge. Pausen sind keine Zeitverschwendung – sie schenken dir Zeit, weil du im Anschluss effizienter arbeitest. Daher sollten sie viel öfter schon die Belohnung mittendrin und nicht erst am Ende des Weges – oder an irgendeinem Dienstag – sein.

**Du lebst gesünder //** Ein gewisses Stresslevel ist förderlich. Langanhaltender Stress hingegen schadet Körper und Geist. Wenn du für dich selbst sorgst, haben die negativen Effekte von Stress keine Angriffsfläche. Sie perlen an dir ab wie der Wassertropfen an der Lotospflanze.

**Abraham Lincoln, mein neues Vorbild**

Inzwischen ist längst wieder Dienstag gewesen. Und mit meiner Liste bin ich noch immer nicht so weit, wie ich es geplant hatte.

*Es kommt halt immer etwas dazwischen.*

Doch in dieser Woche habe ich nicht nur die Verpflichtungen, sondern auch die Belohnungen aufgeschrieben.

Die Massage war herrlich.

Aber das Gefühl, für mich zu sorgen, war viel schöner.

Ein Herr namens Abraham Lincoln sagte einmal: »Wenn ich acht Stunden Zeit hätte, einen Baum zu fällen, würde ich sechs Stunden meine Säge schärfen.«

*Muss ein intelligenter Mann gewesen sein, dieser Holzfäller…*

# Bade im Wald // warum Bäume uns guttun

Als Kind wohnte ich direkt am Wald. Ich musste nur aus dem Gartentor gehen und war umgeben von Laubbäumen und Tannen. Es war herrlich, wenn im Frühling die ersten Blätter im hellen Grün erstrahlten und die bis zum Sommer dicht gewordene Blätterdecke Schatten spendete. Ich freute mich auf den Herbst, wenn die Blätter sich färbten und den Boden mit buntem Laub bedeckten, durch die ich mit Gummistiefeln lief, sie in die Luft warf oder zu Hause in meinen Büchern trocknete. Selbst den kalten Winter mochte ich, der alles Laub und alle Wärme mit sich nahm und nur die kahlen Äste zurückließ, die an manchen Tagen den Schnee auffingen.

Wir bauten Höhlen, sammelten Pilze, fuhren Schlitten oder machten Schnitzeljagden an Geburtstagen. Der Wald war unser Spielplatz, von dem wir begeistert, glücklich und ausgelassen nach Hause zurückkehrten.

**Der Wald gehört zu meiner Kindheit wie die Bäume in den Wald**

Die Höhlen und Schnitzeljagden gingen, aber der Wald blieb. Später joggte ich fast täglich mit meiner Freundin über Wurzeln und unter den Ästen entlang. Beim Laufen ließen wir die Alltagssorgen hinter uns, denn fast immer hatten wir eine andere Sicht auf die Dinge gewonnen. Der Weg durch den Wald war unser *Weg der Erkenntnis* – so nannten wir ihn.

Umgeben von Bäumen, bewacht und bedacht vom Laub oder den kahlen Ästen, verbrachten wir die Stunden zusammen.

Und tankten Kraft.

Am Ende des Weges ging es uns immer besser.

**Shinrin Yoku – im Wald baden**

Was mich über viele Jahre begeisterte und belebte, führen die Japaner offiziell im Rahmen ihrer Gesundheitsvorsorge durch.

*Shinrin Yoku* ist japanisch und bedeutet

*Ein Bad in der Waldluft nehmen.*

Nichts erreichen, einfach sein.

Sitzen, schauen, staunen und entspannen.

Was wir im Alltag fast verlernen – wo selten etwas zwecklos und ohne Ablenkung geschehen darf – ist der Inhalt des therapeutischen Waldbadens und wahre Selbstfürsorge.

Dass ein ruhiges Umfeld eine beruhigende Wirkung auf unseren Organismus nimmt, ist selbsterklärend. Dass der Wald zudem das Immunsystem stärkt[2], ist unter anderem auf ätherische Öle, allgemein als Phytonzide bezeichnet,

---

*2* Forscher der Chiba Universität in Japan prüften den Blutdruck, die Puls- und Herzfrequenz sowie die Ausschüttung des Stresshormons Kortisol bei 280 Personen im Alter von Anfang zwanzig während eines Tages in der Stadt und während eines Tages mit einem dreißigminütigen Shinrin Yoku.

Das Ergebnis: Ein Aufenthalt im Wald aktiviert das parasympathische und senkt die Aktivität des sympathischen Nervensystems – die Herzfrequenz, der Blutdruck und die Ausschüttung von Kortisol sinken.

Andere Wissenschaftler untersuchten die Aktivität der Killerzellen – die u.a. mit der Abwehr von Krankheitserregern und mit der Krebsprävention in Verbindung stehen – vor und nach einem Aufenthalt im Wald: Die Killerzellen zeigten einen signifikanten Anstieg ihrer Aktivität in der jeweiligen Woche nach einem Aufenthalt im Wald. Bei Personen, die an jedem Wochenende Zeit im Wald verbrachten, konnten die positiven Effekte sogar noch einen Monat später nachgewiesen werden.

zurückzuführen, die wir über die Atmung und die Haut aufnehmen. Sie kommen im Holz, in Pflanzen sowie in einigen Früchte- und Gemüsearten vor.

Pflanzen benutzen diese ätherischen Öle, um sich vor Bakterien und Insekten zu schützen – und genau diese Wirkung entfaltet sich im menschlichen Körper, wenn wir *im Wald baden*: das Immunsystem wird gestärkt.

Der Wald macht uns also weniger anfällig für Stress.

Von seiner Ruhe umgeben, können wir uns sammeln und sortieren und so manches relativieren.

Der Wald entspannt, hält gesund und tut einfach gut.

**Urlaub im Wald**

Heute vermisse ich den Wald direkt hinter dem Gartentor. Ich sehne mich nach der Umarmung der großen Bäume, nach dem leuchtenden Grün, dem intensiven Duft der Tannen und der so selten gewordenen Stille, die nur hin und wieder ein Vogelzwitschern oder das Knacken der Äste kennt und meine Kindheit so lebendig sein lässt.

Deshalb mache ich dort Urlaub, wo ich viel Zeit meiner Kindheit verbrachte. Den Rucksack mit minimalistischem Gepäck für ein paar Wandertage ausgestattet, das Handy aus-, dafür die eigenen Sinne auf Empfang gestellt, sind die ersten Schritte im Wald das Tor in eine andere Welt.

Wenn ich ausschließlich von Bäumen umgeben bin, scheinen der Alltag und seine Bedürfnisse schon nach wenigen Metern kilometerweit entfernt.

Ich brauche nur das, was ich auf den Schultern trage –
und selbst das erscheint zu viel.
Ich werde langsam –
und selbst das erscheint zu schnell.
Die Reize werden überschaubar –
dabei sind sie endlich reiz*voll*.

Bis heute gibt es kaum etwas, das mich so schnell erdet, wie der Waldboden, das mich so einfach entspannt, wie die Umgebung und die Akustik des Waldes.

In einer weitestgehend entnaturalisierten Welt mit Neonlicht und flackernden Bildschirmen, Handystrahlung und Aquarium, sollten wir mal wieder in der Wirklichkeit spazieren gehen. Die Stille wieder hören lernen, das ablenkungslose Sein nicht ständig unterbrechen wollen, den Augenblick an Ort und Stelle genießen können, ohne ihn sofort *teilen* zu wollen und aus Routine zu erfragen, was andernorts geschieht.

In unserer schnelllebigen Zeit mit kurzlebiger Technik, sollten wir unser junges Leben gelegentlich neben so manchen alten Baum stellen und uns in Gelassenheit und Vertrauen üben. Uns auf uns und das Wesentliche besinnen und in der Natur zurück zu uns selbst finden.

# Bleib dir treu // warum wir lieben sollten, was wir tun

Das Leben ist weder Ponyhof noch Wunschkonzert und manchmal scheinen sich in unserem fortschrittlichen Land voller Möglichkeiten genau diese zu erschöpfen. Nämlich dann, wenn es um unser Arbeitsleben geht. Dann ist der Chef der Leiter des Ponyhofs und derjenige, dessen Wunschzettel wir das ganze Jahr fleißig ableisten, während wir kurz vor Weihnachten unser 13. Gehalt vermissen – *na danke...*

## Erfüll dir deinen eigenen Wunschzettel

Vieles, was unveränderlich scheint, ist in Wahrheit nicht zementiert, sondern genauso plastisch wie unsere Luftschlösser, die wir nie versuchen in Stein zu meißeln – nur, weil wir keine Architekten sind, also vermeintlich wieder den falschen Job haben, und *weil das Leben so nicht funktioniert.*

*Aber was wäre, wenn es doch ein Wunschkonzert ist?*

*Wenn wir an unseren Träumen schrauben und bauen und uns als Architekt unseres Lebens den eigenen Wunschzettel erfüllen würden?*

## Gute Miene zum bösen Spiel

Laut der *Gallup-Studie*, eine Studie, die die Qualität am Arbeitsplatz untersucht, identifiziert sich nur ein Drittel der in den USA Beschäftigten mit dem eigenen Job.

*Ein Drittel...*

Das bedeutet, dass zwei Drittel der Beschäftigten jeden Tag etwa acht Stunden – oder jede Woche vierzig Stunden oder jeden Monat etwa zwanzig Tage – einer Tätigkeit nachgehen, mit der sie sich nicht identifizieren.

*Bleibt nicht der Kern des Lebens ein Mysterium, wenn wir schon beim Weckerklingeln die Welt hinter der Bettdecke verstecken wollen?*

Arbeitszeit ist Lebenszeit. Und natürlich fühlt sich das Leben nur manchmal wie ein Ponyhof an und wir müssen unser Geld verdienen. Aber unser Dasein sollte auch keiner Stierkampfarena gleichen, in der wir ums Überleben kämpfen, eine Show vor und für das Publikum aufführen und ständig ein *rotes Tuch* vor Augen haben.

**Geld verdienen, aber das Leben verkaufen**

Als Physiotherapeutin bin ich nah dran an den Menschen. Ohne Schein, ohne Schutz, schütten sie ihr Herz aus und erzählen einer Unbekannten, was sie dieser beim Kaffee nicht anvertrauen würden. Offenbaren Einblicke in Abgründe, wenn das Leben nicht mehr lebendig, sondern fad schmeckt. Zeigen ihre Schwächen, stehen zu ihren Bedürfnissen, erzählen von Herausforderungen: Von dem Spagat zwischen Privat- und Berufsleben, von der Monotonie des Arbeitslebens, das sich wie Fließbandarbeit anfühlt, ohne dass man am Fließband steht, von Rückenschmerzen und Wochenend-Migräne, von Antriebs- und Ausweglosigkeit, von Boreout und Burnout, von der Angst, mit Mitte fünfzig keinen neuen Job zu finden, von unbezahlten Überstunden und Fünfzigstundenwochen, entgrenzter Arbeitszeit und eingezäuntem Privatleben und der unbeantworteten Frage nach dem Ausweg, weil der Lebensunterhalt bezahlt werden muss.

Erst reden sie, dann schlafen sie und während sie schlafen, denke ich über das Gesagte nach: Über die Erschöpfung, die Anforderungen, das Zerrissensein und dass am Ende fast immer die Zeit für den wichtigsten Menschen im Leben fehlt: Für sich selbst. Derjenige, der längst nicht mehr weiß, wo er steht und sich nur noch fragt, wie das alles weitergeht.

Natürlich bedeutet Arbeit Anstrengung. Aber wir sollten uns nicht über Jahre einer ungeliebten Tätigkeit anpassen, uns aufgeben, in Monotonie üben und mit Kompromissen zufriedengeben, nur weil am Monats- oder Lebensende vielleicht das Bankkonto lacht. Dafür ist das Leben viel zu kostbar. Es bietet Alternativen – ist dynamisch und nicht zementiert.

Wir tragen alle einen göttlichen Kern in uns, einen Funken Ewigkeit, der das Leben mit allen Sinnen und das Sein in allen Facetten erfahren möchte.

Deshalb spüren wir, wenn es nicht rund läuft.

Deshalb beschwert sich der Körper, sobald die innere Stimme schweigt.

Wir stolpern – weil wir aufwachen sollen.

Aus der Trance, aus der Erschöpfung, aus der Routine. Weil irgendwo da draußen etwas auf uns wartet, das besser zu uns passt. Weil wir die Augen wieder aufmachen und die Welt bewundern sollen.

**Urlaub bedeutet: zu sich selbst reisen**

Im Urlaub legen wir die Maske und das Korsett ab.

Jetzt ist unsere Zeit. Die schönste Zeit des Jahres.

Vier Wochen.

*Auf die wir die restlichen 48 hingearbeitet haben...*

Und mit dem Tapetenwechsel kommen wir nicht nur am Urlaubsort, sondern endlich bei uns an.

Wir fahren weg und besuchen uns selbst.

Dann sehen wir den Alltag mit Abstand und anderen

Augen – unseren Augen – und erkennen, wie er uns verschluckt; wie er uns mitreißt, blind für die eigenen Bedürfnisse und taub für unsere Mitmenschen macht.

Wir sind *laufend* im Hamsterrad gefangen, weil wir uns zunächst erklärt und schließlich akzeptiert haben, dass das Leben eben kein Ponyhof ist – sondern an vielen Tagen nur ein beklemmender Hamsterkäfig.

Und das schreibe ich nicht, weil ich denke, dass es so ist. Das schreibe ich, weil mir zwei Drittel der Menschen, die im Urlaub auf meiner Behandlungsbank liegen, genau das erzählen. Und weil ich zu zwei Dritteln meiner Zeit selbst zu diesen zwei Dritteln zähle.

Unabhängig von Geschlecht, Alter, Beruf und Position – wer nicht tut, was er liebt, strampelt sich ab.

Erschöpft seine Ressourcen und wird lebens*müde*.

Das höre ich, das sehe ich und ich fühle es.

Unser reiches Land ist müde, weil die fortwährende Produktivität und Erreichbarkeit den Weg nach innen verbaut und der stete Druck von außen – und von innen – das lebendige Sein zerdrückt.

*Weil das Leben eben so ist.*

Weder Wunschkonzert noch Ponyhof.

In einem entwickelten Land verwickelt sich die Selbstentwicklung im Zuviel, im Zeitdruck, in der Routine. In der Akzeptanz, dass Leben und Lieben Arbeit ist und Arbeit notwendig und oft freud- und (sich) selbst-los ist, gehen wir stets dem Alltag und selten uns selbst nach.

### Ein Leben voller Wunder oder ein Hamsterkäfig voller Mist

Das Leben ist schön. Es ist ein Wunder, an dem wir uns erfreuen und das wir bestaunen sollten. Wir haben nicht irgendeinen Platz auf der Erde, wir sind nicht beliebig – in uns allen brennt ein Feuer. Wir sind nicht Asche, wir sind Glut. In uns lodert ein Funke, der weiß, warum wir hier sind und was *wir* besonders gut können.

Wir haben eine Aufgabe.
Und wir sollten versuchen, diese Aufgabe zu erfüllen
– für unser Glück.
Denn zum Glück haben wir die Chance,
genau dies zu realisieren.
Also: Bleib dir treu.
Tue, was du liebst, oder liebe was du tust.

Wenn der Job dich über viele Jahre immer fester in eine Position gebunden hat, die dir zwar das Geld zum (Über)Leben bringt, aber dich mit seinem festen Griff erstickt, wenn nur noch die Verpflichtungen oder die Ausweglosigkeit dich dort halten, wo du dich längst nicht mehr siehst, helfen vielleicht diese

## Vier Anregungen, um wieder mit Freude zu arbeiten

**Bestimme, was dir jetzt wichtig ist //** Vielleicht ist die Begeisterung für deinen Job mit den Jahren geschwunden. Was dich anfangs motiviert hat, kannst du inzwischen nicht mehr erkennen.

Deshalb prüfe:
*Was ist dir jetzt wichtig?*
*Welche Werte?*
*Welche Tätigkeiten?*
*Welche Inhalte?*
*Wofür brennst du?*
*Was ist deine Leidenschaft?*

Erst wenn du weißt, was dir im Arbeitsleben wichtig ist,

kannst du entsprechende Veränderungen einleiten.

**Erkenne deine Stärken //** Wer mit Freude arbeitet, Leidenschaft und persönliche Kompetenz einbringt, wird sein Potential entfalten und das Arbeitsleben als bereichernd erleben.

Deshalb überlege:

*Welche Tätigkeiten machst du gerne?*

*Worin bist du besonders gut?*

*Kannst du diese Bereiche ausbauen oder vertiefen?*

*Und andere Bereiche hingegen reduzieren?*

Ganz egal, welchen Job du machst, mache ihn so gut es geht. Sei ganz da, wo du bist und mache durch deine Persönlichkeit einen Unterschied. Zeige Initiative, denn selbst kleine Umstellungen können Großes verändern.

**Verändere den Fokus //** Lebe deine Leidenschaft in deiner Freizeit. Einem Hobby nachzugehen und die Interessen in der Freizeit zu leben, bringen den monotonen Arbeitsrhythmus aus dem Takt – was sich wiederum positiv auf den Job auswirkt.

Fülle deine Freizeit mit dem, was dir guttut. Tanke auf, lache, entspanne, bewege dich, unternimm etwas mit Freunden. Bringe dein Leben ins Gleichgewicht, anstelle den Überdruss der Arbeit auf die Freizeit zu übertragen. Mach es andersherum: Nimm die Freude aus der Freizeit mit zur Arbeit.

*Kannst du die Arbeitszeit reduzieren, um deiner Freizeit mehr Gewicht einzuräumen?*

Ein geringeres Gehalt ist eine Einladung zur Einfachheit: Wer weniger besitzt, weniger braucht und mit weniger zufrieden ist, benötigt weniger Geld und verschafft sich damit wertvolle *Lebens*zeit.

**Wenn all das nicht hilft: Verändere dich //** Wenn du deine jetzige Tätigkeit nicht anpassen kannst und dich Tag für Tag zum Funktionieren zwingst, verlangt deine Situation vielleicht nach einer beruflichen Veränderung.

Wage es, aber überstürze nichts, sondern plane gut.

Gehe Schritt für Schritt vor: Sortiere deine Finanzen, priorisiere deine Werte, kontaktiere Personen in dem von dir angestrebten Bereich und arbeite testweise in jenem Arbeitsfeld, ehe du kündigst. So hast du die Chance zu erkennen, ob dieses hält, was du erhoffst.

**Glaube an dich**

Wo immer du gerade stehst und wie schwer es vielleicht gerade für dich ist: Glaube an dich und deine Fähigkeiten, suche weiter und probiere verschiedene Wege aus. Wir leben nicht unendlich und sollten uns der Kostbarkeit des Augenblicks und der verschiedenen Lebensphasen bewusst sein.

Deshalb sollten wir lieben, was wir tun.

Es ist unser Leben.

Wir sollten das Steuer nicht abgeben – nicht an den Arbeitgeber, nicht an den äußeren Druck und auch nicht an die hohe Miete – sondern eine Pause machen, wenn wir müde geworden sind oder zu lange im Stau standen. Es gibt verschiedene Stellschrauben, an denen wir drehen können, damit unser Leben wieder Fahrt aufnimmt.

Erkenne sie.

# Verwirklicche dich // warum wir uns vertrauen sollten

Wir haben heutzutage eine Unmenge an Möglichkeiten – unsere Biographie ist nicht mehr vorgeschrieben, wir dürfen unsere Geschichte selbst schreiben. Wir dürfen, müssen uns aber auch entscheiden, und bei der Vielzahl an Möglichkeiten zweifeln wir manchmal, ob wir tatsächlich eine gute Wahl getroffen haben. Im Kleinen wie im Großen. Wir sehen immer auch die Optionen, sodass die gewählte schon damit an Wert verliert.

Während der Ausbildung oder dem Studium sind wir jung und fühlen uns frei, wir haben Träume und sind auf dem Weg, aber eben noch nicht angekommen – erst hinterher bemerken viele von uns, dass das Berufsleben nicht der Berufung entspricht. Diese ruft weiterhin von innen nach Verwirklichung, während wir feststellen, dass unser derzeitiges Leben so gar nicht das ist, was wir uns einst erträumten.

## Im Alltag festgefahren

*Wo sind der Sinn und die Erfüllung plötzlich hin?*

Die kindliche Lebendigkeit, die das Leben spürt und schmeckt, liegt jetzt unter Verpflichtungen und Aufgaben versteckt. Unser Potential sehnt sich nach Verwirklichung und die eigenen Ideen wollen leben, während wir inmitten des Alltags verzweifelt nach Selbstbestimmung streben.

Dort, wo wir gerade eingestiegen sind, wollen wir

wieder raus. *Nur wie?* Wir suchen nach Alternativen und dem perfekten Plan, während die Jahre vergehen und wir noch an gleicher Stelle stehen.

Wir sind wie Gefangene in unserem eigenen Leben.

Das Skurrile ist nur:

Oft halten wir uns selbst gefangen.

**Wenn sich das eigene Leben nicht wie das eigene Leben anfühlt, fordert es eine Veränderung**

Manchmal weiß man vielleicht nicht, was genau man möchte, aber ganz genau, was man nicht (mehr) möchte: Sich unter Wert zu verkaufen, die Beziehung zu führen, das große Haus alleine zu bewohnen, zwischen Familie und Arbeit zu pendeln, ein Leben in der Großstadt zu leben, immer zu wenig Zeit zu haben, sich tagtäglich zu diesem Job zu quälen...

Für mich persönlich ist es das Angestelltenverhältnis. Jene Strukturen empfinde ich als Fäden, die mich halten und doch zugleich eine Marionette aus mir machen. Ich fühle mich gelenkt, in meiner Freiheit und in meinen Möglichkeiten eingeschränkt – würde anders leben, wenn ich könnte.

*Dabei könnte ich.*

Was mich hält, sind das Vertraute und die Sicherheit.

Was mich abhält, sind die Ungewissheit und das Risiko.

Wie so oft.

*Aber ist nicht genau das, das Spannende im Leben?*

*Der Kern des Lebens selbst?*

Sicherheit in diesem Sinne gibt es nicht.

Sicherheit ist das Gegenteil von freiem Leben.

Ich müsste loslassen, die Fäden zerschneiden und springen. Es wird nie den perfekten Zeitpunkt, aber immer eine Möglichkeit zum Wenden geben.

Und wie schön muss es sein, wenn man sich eines Tages nicht die Frage nach dem *Was wäre gewesen, wenn...?* stellen muss; sich nicht vorwerfen braucht *Ach hätte ich nur… Ich habe es genau gespürt.*

Es muss erfüllend sein. Auch wenn man fällt.

Es muss sich gut anfühlen. Ganz gleich, ob es gelingt.

Einfach, weil man es versucht hat, auf seine innere Stimme gehört und sich vertraut hat.

Ich glaube, dass ein selbstbestimmtes Leben sogar im Scheitern mehr Glück birgt, als ein Leben unter seinen Möglichkeiten zu führen – seinen Wünschen und Träumen nur gelauscht, sie aber nie gelebt zu haben.

**Den Sprung ins kalte Wasser wagen**

Eines ist sicher: Immer, wenn wir eine Tür hinter uns schließen, befinden wir uns schon in einem neuen Raum.

Dass nichts passiert, geht also nicht.

Es wird immer etwas passieren.

In dem Augenblick, in dem wir uns aus der unstimmigen Situation befreien, wird sich Erleichterung breitmachen. Oft können wir dann nicht mehr nachvollziehen, warum wir so lange an der Unzufriedenheit fest- und uns dort aufgehalten haben.

Es werden sicher Zweifel auftauchen. Aber wir können unseren Traum mit all unserem Potential nur leben, wenn wir unsere Komfortzone verlassen.

Die Kündigung, ein Sabbatjahr, der Orts- oder Berufswechsel sind wie der Sprung ins kalte Wasser: Man scheut sich, zögert, springt, schreit und wenn man auftaucht, fühlt man sich lebendiger denn je und fragt sich, warum man sich so schwergetan hat.

Ich werde bald springen. Denn ich passe nicht in die Schablone, die ich vor Jahren von mir angefertigt habe, als ich noch kindlich träumte und freigeistig war, aber genau wusste, wer ich war.

Ohne eine Veränderung, wäre ich mir bald nicht mehr treu.
Wenn auch nicht bis ins Detail geplant, will ein solcher
Schritt gut vorbereitet sein –
für den Fall, dass man fällt und nicht fliegt.
Aber auch für den Fall, wenn man fliegt und nicht fällt.

Leben ist ein täglich neues Wagen, Entdecken, Hineinspüren. Wer das Leben nicht herausfordert, den fordert das Leben heraus – es geht darum, dass wir uns treu bleiben.

**Was ist schon sicher?**

Ein Leben in der Komfortzone ist bequem und vermeintlich sicher. *Wer möchte nicht abgesichert sein, wenn er schwer krank oder von einem Unfall aus der Mitte des Lebens gerissen wird und noch einmal ganz von vorne anfangen muss?*

Viel langsamer. Und mit Einschränkungen.

Doch selbst wenn dieser Fall eintritt, werde ich mir eines wünschen: Dass ich mein Potential und die Möglichkeiten, die ich zuvor hatte, nach meinen eigenen Vorstellungen genutzt, gelebt und geliebt habe. Mit dem Bewusstsein einer Einschränkung vermutlich noch viel mehr – denn vielleicht macht einem erst diese den Wert der Freiheit wirklich bewusst.

Also: Lebe frei, bleib dir treu und verwirkliche dich!

**Ohne den perfekten Plan zu sein bedeutet: Vertrauen lernen – sich selbst und dem Leben**

Wenn uns die derzeitige Situation von innen auffrisst und kaum etwas vom Ich übriglässt, kann die Zukunft nur besser werden. Es wird sich immer ein neuer Weg auftun – wir stürzen nicht ab. Die Erde ist keine Scheibe, und selbst wenn sie es wäre, könnten wir einfach umdrehen...

Es ist das Bedürfnis nach Sicherheit, das sich an das gewohnte Seil klammert, selbst wenn uns dieses die Luft zum Atmen nimmt. Manchmal ersticken wir lieber im Gewohnten, als die Anstrengungen der Befreiung auf uns zu nehmen, die uns ein besseres Leben schenken würden.

Doch sobald wir nicht mehr die Sicherheit, sondern unsere Gesundheit, unser Glück und unsere Selbstverwirklichung zur Priorität machen und darauf hören, was uns wirklich guttut, wird unser Leben ganz von selbst seinen Weg finden.

Ob wir es wollen oder nicht.
Aber wenn wir es wollen
und wenn wir vertrauen, ist es viel leichter.

Wir haben das große Glück, in einer Zeit leben zu dürfen, in der es vielen von uns so gut geht, dass wir uns die Frage nach dem eigenen Lebenssinn stellen dürfen – ein Privileg, das wir weder an die Sicherheit noch an die Routine verkaufen sollten.

**Selbstverwirklichung gelingt auch ohne Plan**

Es ist vielmehr so, dass wir den Plan dafür allein in uns selbst finden. *Wo denn auch sonst?* Wir müssen uns nur Raum und Zeit zum Eintauchen nehmen. Wir brauchen kein Studium und müssen nicht unzählige Bücher lesen, um zu wissen, was wir wollen. Wir dürfen uns vertrauen und müssen allein uns selbst lesen und studieren. Und dann das Alte und Vergangene loslassen.

Denn Leben ist Veränderung.

Leben ist Sein.

In jedem Moment neu.

Im Prinzip wissen wir doch trotz aller trügerischen Pläne nie, was der nächste Tag oder die nächste Stunde bringen.

Das Leben selbst birgt das größte Risiko.

Unser Dasein ist begrenzt, und wir sollten endlich beginnen, es mit dem zu füllen, was wir uns wünschen. Denn letztlich sind wir für das, was wir tun – oder eben nicht tun – verantwortlich.

Für eine Veränderung müssen wir manchmal einfach ins kalte Wasser springen, um uns wieder lebendig zu fühlen und befreit zu neuen Ufern schwimmen zu können.

# IV

# BEZIEHUNGEN

## schätze deine Schätze

*mit anderen sein*

# Liebe // warum uns wahres Glück zu Füßen liegt

Seit der Rückkehr aus Südamerika weiß ich mehr denn je, wie gut es uns in Deutschland geht. Hier ist nicht der Mangel das Problem, sondern der Überfluss, der so flüssig fließt, dass er alles durchdringt und doch selten irgendwo bleibt. Wenn Wohlstand keine Fülle mehr ist, stiftet er aus sich selbst heraus eine bittere Leere. Dabei haben wir alles, was wir brauchen. Etwas zu viel davon vielleicht. Und vielleicht ist genau das das Problem. Weniger wäre manchmal mehr.

Den meisten von uns geht es so gut, dass sich das Dasein längst nicht mehr um das nackte Überleben dreht, sondern darum, sich selbst zu optimieren und zu perfektionieren und möglichst viel Glück, Gewinn und Prestige aus der eigenen Lebensspanne herauszupressen – aus dem vergänglichen Sein etwas erschaffen, das bleibt.

Auf der Maslowschen Bedürfnispyramide stehen wir ganz oben. Doch ganz oben wird die Luft manchmal dünn. Man droht zu fallen, wenn man sich der darunterliegenden Stufen entzieht, nur, weil man meint, sie schon bewältigt zu haben – sie halten uns auch dort.

Wir sollten also nicht immer weiter nach oben streben wollen, sondern auch das pflegen, was uns trägt.

Natürlich wollen wir so glücklich wie möglich sein und deshalb suchen wir das Glück anhand individueller Werte in den verschiedensten Dingen, an den unterschiedlichsten

Orten und durch die verrücktesten Aktionen.

*Doch bringt das ständige Größer, Weiter und Höher auch größeres, weiteres und höheres Glück?*

*Was ist, wenn das Empfinden von Glück viel einfacher geht?*

**Auf der Suche nach dem Glück**

Mein Alltag rennt. Seit Jahren schon. Manchmal läuft er so schnell, dass ich nicht mehr hinterherkomme und er *mein* Leben fast unbemerkt zu seinem erklärt. Als würde es im Zeitraffer ablaufen, erkenne ich in der Rückschau nicht einzelne Tage, sondern nur Wochen oder Monate – Zeitspannen, in denen bestimmte Ereignisse und Begegnungen wie Inseln aus dem Wasser hervortreten. Der Rest ver*schwimmt* im weiten Ozean des Lebens, in dem so viele Momente treiben, die vielmehr an mir vorbeigezogen sind, als dass ich sie erlebt hätte.

*Wo versteckt sich das Glück, wenn der Alltag größtenteils aus Verpflichtungen und Anforderungen besteht und genauso viele kleine Tragödien wie bezaubernde Momente schreibt?*

*In der Fülle der Möglichkeiten?*

*Oder irgendwo dazwischen?*

*Oder zwischendurch, wenn ich gerade keine Zeit habe, weil ich auf mein Handy schaue?*

Mal wieder.

Und schon wieder.

Ich will schließlich nichts verpassen und bemerke nicht, wie viel ich genau dadurch verpasse.

Denn auf der Suche nach immer mehr, mit Blick in die Ferne auf das stets Nächste übersehe ich das, was unmittelbar vor mir liegt. Ich stolpere nur über das Jetzt – mehr habe ich mit dieser Zeitspanne nicht zu tun. Es will mich aufwecken, zum Hinfallen bringen, doch ich fang' mich mal wieder und gehe weiter, als wäre nichts geschehen und habe das Jetzt schon weder übersehen.

Dabei führt der Weg ins Glück nicht durch einen riesigen Torbogen, der uns am Ende des Weges empfängt, sondern durch ein winziges Nadelöhr, das erst einmal gesehen werden möchte und gefunden werden will. Das oft so subtil und banal ist, weil es eben nicht irgendwo in der großen weiten Welt an einem ganz besonderen Ort auf uns wartet. Es sitzt weder auf der nächsten Stufe der Karriereleiter, noch tätowiert es sich durch tausende virtuelle *Likes* von fremden Menschen in unser Herz ein – jenes Glück ist flüchtig. Es ist zwar da, aber es setzt sich uns von außen auf, wie ein Hut, der dem kleinsten Windstoß nicht Stand halten kann.

Je ferner wir das Glück von uns suchen, umso weiter müssten wir reisen, weil wir es einfach nicht zu fassen bekommen. So, wie wir nur kurz einen besonderen Ort besuchen, besucht uns auch das Glück nur kurz. Es wird weiterreisen wie ein Fremder, den wir für wenige Stunden beherbergt haben. Alles geht miteinander in Resonanz – *und wieso sollten wir mehr bekommen, als wir geben?*

## Das Glück liegt uns zu Füßen

Das wahre Glück liegt meist unmittelbar vor uns. Oder morgens neben uns im Bett. Sitzt mit uns im Café, ruft an, wenn wir meinen, keine Zeit zu haben oder will uns besuchen, wenn wir den Alltag als zu voll empfinden. Es braucht unseren Rat, wenn wir lieber selbst einen hätten und fragt nach, wie es uns geht, wenn wir die eigene Antwort nicht kennen wollen. Es kocht für uns, deckt den Tisch, teilt seine Tränen, sein Lachen, sein Leben oder eine Lebensphase mit uns.

Das größte Glück sind unsere Beziehungen.

Die Menschen, die wir lieben.

Die Menschen, die uns lieben.

Es ist ganz egal, wo wir uns auf der Wohlstandsskala, der Karriereleiter oder der Social-Media-Rangliste befinden. Wir können uns noch so weit oben eingenistet haben – das Glück liegt uns zu Füßen. Und fängt uns sogar auf, wenn wir von ganz oben runterfallen.

**Der Mensch lebt von der Liebe**

Diesen Zusammenhang zwischen Glück und Beziehungen untersuchten Wissenschaftler in der *Harvard Grant and Glueck-Studie*[3]. Über 75 Jahre analysierten sie das Wohlbefinden von mehr als siebenhundert Männern unterschiedlichen Standes.

Das Ergebnis: Gute Beziehungen sind der beste Garant für ein glückliches, erfülltes und gesundes Leben.

Ausschlaggebend ist weder die Anzahl an Freunden, noch, ob man eine partnerschaftliche Beziehung führt. Entscheidend ist die Qualität der nahestehenden Verbindungen. Wie viel Verletzlichkeit und wie viel Tiefe sie bergen. Wie sehr wir uns fallen lassen und unsere wahren Gedanken und Gefühle teilen können. Ob wir uns so zeigen können, wie wir wirklich sind.

*Eine ziemlich banale Erkenntnis für eine so lange Forschung...*

*Das wissen wir doch alle,* denken jetzt vermutlich alle.

*Ist es dann nicht umso seltsamer, wie häufig wir uns mit unserem ewigen Tun und Machen dem entspannten Zeithaben für unsere Mitmenschen berauben?*

---

*3* Wissenschaftler verschiedener Generationen analysierten in der *Harvard Grant and Glueck-Studie* über 75 Jahre lang das körperliche und emotionale Wohlbefinden von 456 mittellosen Männern, die zwischen 1940 und 1945 in Boston aufgewachsen sind, *Grant Studie,* sowie 268 männlichen Harvard-Absolventen aus den Jahren 1939 bis 1944, *Glueck Studie.*

Natürlich brauchen wir Zeiten für Rückzug – der eine mehr, der andere weniger – und Zeiten, in denen wir an unseren eigenen Lebensprojekten basteln. Doch die Fülle und geforderte Flexibilität des modernen Lebens gehen häufig zu Lasten unserer Beziehungen.

*Aber was wären wir ohne die Menschen, die wir lieben?*
*Ohne die guten Gedanken und Wünsche, die sie uns senden?*
*Ohne das Gute, das sie uns wollen?*
*Ohne das Interesse, das sie uns entgegenbringen?*
*Was wären wir ohne sie,*
*die uns in allen Höhen und Tiefen begleiten*
*und nicht von unserer Seite weichen?*

Stärke resultiert aus dem Innen. Aber die Menschen, die wir lieben, potenzieren unser Glück. Sie sind das Öl für unser Feuer. Der Mensch lebt von der Liebe. Und je mehr wir davon in die Welt gießen, umso besser wird sie.

Familie, Freunde, Bekannte und Kollegen – sie sind das Netz*werk*, das uns trägt. Räumlich verteilt wie Sterne am Himmel, sind sie unsere persönliche Landkarte.

Wenn mich die Angst quält, ihr Licht könnte verglimmen, wird mir einmal mehr bewusst, dass jeder gemeinsame Moment ein Geschenk ist.

Die Zukunft kann nur den beängstigen, der die Gegenwart nicht mit allen Sinnen erlebt. Solange wir bewusst leben und unser Dasein nach den eigenen Prioritäten gestalten, wird die Zukunft keine Reue bringen.

## Wahres Glück bleibt

Das Leben vollzieht sich immer im Jetzt. Und der Weg dorthin ist kein Torbogen, sondern ein Nadelöhr – keine Zeitspanne, sondern ein einziger Augenblick. Wenn wir unsere Mitmenschen öfter zur Priorität machen und uns Zeit für sie nehmen, wird sich ein goldener Faden durch unser Leben ziehen.

Denn es ist eben nicht jedes Glück flüchtig.

Das wahre Glück bleibt.

Und wird ja bekanntlich verdoppelt, wenn man es teilt, sagte schon Albert Schweitzer.

*Welchem Menschen kannst du heute eine Freude bereiten?*

# Liebe achtsam // warum kleine Dinge entscheiden, ob eine Beziehung gelingt

Er:

Es war ein stressiger Arbeitstag mit vielen Terminen und Aufgaben. Vielen Aufgaben gleichzeitig, weil das Telefon, das E-Mail-Postfach und die Kollegen ständig ungefragt anklopften. Multitasking, Unterbrechung, Überforderung – fremdgesteuerte Stunden. Nichts konnte er an einem Stück zu Ende führen.

Und wenn der achtstündige Arbeitstag nach zwei unbezahlten Überstunden endet, bleibt das Gefühl, kaum etwas geschafft zu haben. Alles fühlt sich nach losen Enden an, die er doch eigentlich hätte verknüpfen sollen.

Licht aus, Motor an.

Auf vollen Straßen mit roten Ampeln rollt und bremst er inmitten der Abgase benebelt nach Hause. Er ist Pendler, verbringt so viel Zeit auf der Straße, dass das Privatleben auf der Strecke bleibt. Nun sitzt er selbst am Steuer und kann doch nicht lenken wie er möchte – das Leben bremst ihn aus.

Motor aus.

*Und jetzt...?*

Jetzt wünscht er sich einfach nur Ruhe.

**Sie:**

Der Wecker klingelt früh. So früh, dass sie die Zeit im Bad für sich hat, ehe die anderen wach werden. Frühstück zubereiten: Für sie, für ihn und für die drei Kinder. Abschiedskuss für ihn, dann zwei der Kinder in Schule und Kindergarten verteilen, einkaufen und den Haushalt erledigen. Den Kleinsten im Kinderwagen in den Schlaf wiegen, ein Mal tief durchatmen und genießen, dass heute die Sonne scheint. Später die beiden Größeren aus Schule und Kindergarten abholen, zum Sport- und Musikunterricht bringen und von dort wieder abholen. Mit den Kindern spielen, die eigenen Bedürfnisse hintenanstellen – daran hat sie sich längst gewöhnt – das Abendessen vorbereiten: Für sie, für ihn und für die drei Kinder.

Die Sonne scheint noch immer. Sie freut sich auf ihn. Auch die Kinder freuen sich, laufen auf ihn zu, als sie den Schlüssel im Türschloss hören.

»Was für wunderschönes Wetter heute«, sagt sie, als er zu ihr in die Küche tritt.

*Und er?*

Er braucht doch jetzt einfach seine Ruhe.

Dabei ist seine Antwort auf ihre fast beiläufige Aussage viel wichtiger als man meint.

## Kleine Angebote, um sich als Paar zu verbinden

Der US-amerikanische Psychologe Professor John Gottman behauptet, dass in der Reaktion auf jene kleinen, alltäglichen Momente des Miteinanders der feinsinnige, aber ausschlaggebende Unterschied für das Ge- oder Misslingen einer Beziehung liegt[4].

---

4 Gottman fand heraus, dass Paare, die größtenteils positiv auf die Angebote des anderen reagierten, deutlich zufriedener waren und länger ein Paar blieben.

So ging aus seiner sechsjährigen Studie mit frisch Verheirateten hervor, dass Partner besonders glücklicher Beziehungen auf 86 Prozent der emotionalen Angebote des anderen reagierten, während Paare, die sich scheiden ließen, auf nur 33 Prozent der Angebote eingingen.

Belanglose Aussagen wie der simple Satz *Was für wunderschönes Wetter heute*, sind *emotionale Angebote* des Partners – Einladungen zur Interaktion, um sich als Paar zu verbinden. Diese Angebote können ganz offensichtlich oder sehr subtil sein. In jedem Fall liegt in dem scheinbar so banalen, alltäglichen Singsang des anderen ein Schlüssel für eine glückliche Beziehung.

## Vier Reaktionen auf die emotionalen Angebote

Nach Gottman kann man als Partner auf den anderen eingehen und das Gesagte bestätigen: *Ja, da hast du Recht.*

Interessiert auf ihn eingehen, sodass ein Gespräch entsteht.

Sich abwenden, indem man auf das Gesagte nicht eingeht.

Oder sich gegen den Partner wenden, z.B. abweisend nach Ruhe verlangen.

Die jeweilige Reaktion beeinflusst, ob das Gefühl von Zweisamkeit und Sicherheit wächst oder einreißt.

## Zusammensein bedeutet: zusammen Sein

Als Paar wächst man zusammen und doch bleibt jeder ein eigenes Wesen. Jeder Mensch hat seine Geschichte. Seine Ecken und Kanten, seine runden und wunden Punkte und einen Alltag mit persönlichen Herausforderungen und Empfindungen, aus denen unterschiedliche Bedürfnisse entstehen. Da scheint es fast unmöglich, immer wachsam und achtsam aufeinander ein- und miteinander umzugehen. Man schwingt ja nicht ständig auf gleicher Frequenz, durchlebt nicht die gleichen Emotionen und webt nicht dieselben Gedanken in verschiedenen Köpfen.

Um die partnerschaftliche Verbindung zu stärken, reicht es Gottman zufolge schon, die Angebote des Partners schlicht anzuerkennen, also den Empfang einer Sache zu bestätigen.

Man muss also nicht auf jeden Zug des Partners sofort aufspringen und gemeinsam bis ans Ende der Welt fahren – es kann auch erst mal nur bis zur nächsten Station sein.

**Nicht: wir beide bis ans Ende der Welt**
**sondern: wir beide gegen den Rest der Welt**

*Was steckt dahinter, wenn jene kleinen Momente eine so große Auswirkung auf die Beziehung nehmen können?*

Bringt man diese, scheinbar nebensächlichen, abstrakten Momente auf eine greifbare Ebene, fragen wir unseren Partner:

*Bist du bei mir?*

*Sind wir zusammen hier?*

*Bedeute ich dir etwas?*

Eine positive Reaktion verstärkt eine respektvolle Wechselwirkung, vertieft die Verbindung und stärkt das Vertrauen. Die Beziehung wird gegenüber den Herausforderungen des Alltags gefestigt.

Indem wir darauf achtgeben, wann und wie der Partner Angebote entsendet, diese bewusst wahrnehmen und auf sie eingehen, investieren wir in eine gesunde Beziehung und vergrößern das Gefühl von Sicherheit, Zweisamkeit und Vertraulichkeit.

Wie so oft, verbirgt sich das Geheimnis in den einfachen Dingen.

*Erkennst du die emotionalen Angebote deines Partners?*

# Sei du selbst // warum das Leben einfacher ist, wenn wir keine Rolle spielen

Weil wir als Menschen nach Liebe und Harmonie streben, meiden wir Konflikte, wollen Ängsten umgehen und nehmen dafür verschiedene Rollen an.

Wir *sind* diese Rollen nicht – wir spielen sie nur.

Ganz unwissend, aber meistens perfekt.

Ganz ungeübt, aber nach dem gleichen Muster.

Wir sind nicht auf eine Rolle festgelegt, sondern schlüpfen sogar während einer Handlung von einer in die andere Rolle – wechseln diese also mit den verschiedenen Situationen, in denen wir uns wiederfinden – spielen jedoch am häufigsten die in der Kindheit gelernte.

Da wir jenes Schauspiel unwissentlich aufführen, ist uns nicht bewusst, dass dadurch ungesunde Beziehungen entstehen. Diese destruktiven und manipulativen Muster vollziehen sich überall, wo es Beziehungen gibt – also überall: Zu Hause, im Freundeskreis, am Arbeitsplatz, im Sportverein, in der Musikschule und auch im inneren Dialog mit uns selbst.

Doch indem wir Konflikten aus dem Weg gehen, geraten wir in Konflikt mit unserem wahren Ich, das gar keine Rolle spielen möchte…

**Das Drama-Dreieck und seine Rollen**

Diese Rollen und deren Wechselwirkungen beschreibt

der Psychologe Dr. Stephen Karpman in seinem 1968 entworfenen Drama-Dreieck.

Karpman führt drei Rollen auf:

Den Verfolger, den Retter und das Opfer.

Allen Rollen gemein ist die Ausrichtung nach außen – nicht nach innen – das Bedürfnis nach Anerkennung und Aufmerksamkeit sowie die Tatsache, dass Ängste und Unsicherheiten uns in die jeweilige Rolle treiben.

Obwohl wir also nicht einmal wissen, dass wir jenes Spiel mitspielen, folgen wir den (Spiel)regeln, die das rollentypische Verhalten vorgibt.

Im Drama-Dreieck gibt es weder gute noch schlechte Rollen. Im Prinzip hat jeder, der mitspielt, bereits verloren.

**Die drei Rollen des Drama-Dreiecks**

**Der Verfolger //** Der Verfolger scheint der vermeintlich Mächtige des Schauspiels zu sein: Er klagt an, hetzt auf, droht und kontrolliert. Er findet das Opfer und wenn es keins gibt, findet er sicher eines, das er dazu machen kann. Er lässt Dampf ab und wird wütend, wenn die Dinge nicht seinen Vorstellungen entsprechen.

Dabei sind die große Wut oder der aufbrausende Ärger auch beim Verfolger in Wahrheit nur Ausdruck von Angst, Scham und Machtlosigkeit. Denn häufig hatten die erwachsenen Verfolger in der Kindheit die Opferrolle inne.

**Die Opferrolle //** Das Opfer scheint die vermeintlich schwache Position im Rollenspiel. Ihm werden Dinge – vom Verfolger – vorgeworfen. Oft macht sich das Opfer jedoch selbst dazu.

Immer fühlt man sich in dieser Position hilf- und machtlos, erhält viel, der unbewusst gewünschten,

Aufmerksamkeit und muss weder die Verantwortung noch die Konsequenzen für das eigene Handeln tragen. Denn wenn wir Opfer sind, sind wir am besten darin, anderen die Schuld zuzuweisen: *Die blöde Kollegin, die immer die Arbeit liegen lässt, der uneinsichtige Partner, der einen auch nach Jahren nicht versteht, oder eine bestimmte Situation manövriert uns in diese missliche Lage, die wir wieder ausbaden müssen.*

Alle anderen haben Schuld – nur wir nicht.

Wir empfinden uns als ohnmächtig und haben deshalb allen Grund zum Klagen und: natürlich um nach Hilfe zu schreien.

**Der Retter //** Der stillschweigende Hilferuf macht den Retter wach. Niemand sonst hört den Schrei des Opfers, doch der Retter ist bereits zur Stelle. Jetzt kann er tun, wofür es ihn gibt und was er am besten kann: helfen, schlichten und sich beweisen – und manchmal dabei andere klein machen, nur um selbst besser dazustehen.

Die Retter scheinen die vermeintlich Ehrenhaften des Rollenspiels zu sein. Doch genau wie bei den anderen Rollenträgern, ist die Aufmerksamkeit auch bei ihm nach außen gerichtet. Anstatt die eigenen Bedürfnisse wahrzunehmen, scannen die Retter das Befinden ihrer Mitmenschen. Häufig jedoch verausgaben sie sich und bleiben mit einem Gefühl der Leere zurück, weil ihre Mühen niemand sieht. Und just in diesem Augenblick verwandeln sie sich selbst zum Opfer, da niemand würdigt, wie sehr sie sich bei der Rettung der vielen Lemminge einsetzen und verausgaben.

*Warum?*

Weil in diesem Schauspiel alle blind sind.

## Schauspiel ohne Zuschauer

Wir alle spielen unwissentlich unsere Rollen. Machen andere zu unseren Mitspielern und werden von den anderen zu ihren Mitspielern gemacht. Sie spielen brav die Rollen, die wir ihnen zuteilen, so wie wir brav die Rollen spielen, die sie uns zuteilen. Ohne Auftrag und ohne Absprache, ja sogar ohne unser Wissen ziehen unsere Be*zieh*ungen uns in die entsprechende Rolle.

Jene Beziehungsgeflechte und –gefechte sind allgegenwärtig, doch stets so subtil, dass wir zwar die Wirkungen spüren, aber die Gründe nicht erkennen. Wir sind Akteure eines Dramas, das die Figuren mit giftigem Faden verstrickt – wir verheddern uns in unseren Mustern.

Solange wir die Angelegenheiten anderer zu unseren machen, entstehen ungesunde Beziehungen, die keinen Raum für wahren Frieden und echte Freude lassen.

Am Ende der Darbietung gibt es keinen Applaus.
Von niemandem und für niemanden.
Eben weil es keine Zuschauer gibt.
Wir stehen alle auf der Bühne.
Und sind innerlich ausgelaugt,
weil wir alle nur spielen, anstatt wir selbst zu sein.

## Raus aus dem Drama

Weil der wichtigste Schritt für jede Veränderung zunächst das Bewusstsein für die Situation ist, sollten wir uns auf die Suche nach den versteckten Mustern hinter den Konflikten des Alltags machen.

*Welche Rolle spielst du (am häufigsten)?*
*Welche Rolle hast du als Kind gelernt?*
*Welche Mitspieler erkennst du?*
*Welche Rolle spielen diese?*
*Wie waren/sind die Rollen in deiner Familie verteilt?*

Erst wenn wir uns dieser Muster bewusst sind, können wir sie verlassen.

Wir müssen das Spiel nicht mitspielen.

Wir können einfach aussteigen.

*Wie?*

Indem wir konsequent bei uns bleiben und uns bewusst machen, welche Geschehnisse, Angelegenheiten und Gefechte wirklich unsere sind – und welche die unserer Mitmenschen.

**So kannst du aus dem Schauspiel aussteigen**

*Erkennst du den Verfolger in dir?* Dann ziehe niemanden zur Rechenschaft. Übe wohlwollende und konstruktive Kritik oder halte dich raus, wenn es nicht deine Angelegenheit ist.

*Spielst du oft das Opfer?* Dann werde aktiv, unabhängig und übernimm Verantwortung für deine Situation und deine Gefühle.

*Bist du gerne der Retter?* Dann löse die Herausforderungen mit anderen zusammen – oder überlasse den anderen, wofür sie verantwortlich sind.

**Vom Rollenträger zum wahren Ich**

Sobald du deine Position verlässt, gerät das System – in dem jeder vom anderen abhängig ist – ins Wanken. Denn die anderen brauchen dich für ihre Rolle und werden bemerken, dass du dich jener unbewussten Abhängigkeit entziehst. Ganz unbewusst werden sie versuchen, dich zurückzuziehen – in deine Rolle, in ihr Spiel, damit *sie* ihre Rolle nicht verlieren.

Dabei profitieren letztlich auch deine (ehemaligen) Mitspieler von deinem Rückzug. Aus den Mitspielern werden die, die sie sein sollen: Unsere Mitmenschen. Mit denen wir mitfühlen und für die wir da sein können, weil wir wieder bei uns sind. Und die mit uns mitfühlen und die für uns da sein können, weil sie wieder bei sich sind.

Wir können nur für andere da sein, wenn wir nicht mit ihnen verwickelt sind. Jeder muss bei sich sein, damit aufrichtige Beziehungen entstehen können – ohne Abhängigkeiten, Schuldzuweisungen und Erwartungen – aber mit unserem ganzen Selbst.

# Verbringe Zeit mit dir // warum Alleinsein stark macht

Wir kümmern uns um alles und jeden und manchmal um jede Belanglosigkeit, zuweilen ohne zu wissen, wofür eigentlich. Dabei ist die wichtigste Beziehung die Beziehung zu uns selbst. Doch indem wir ständig im Außen unterwegs sind, ver*kümmert* unser Innen. Das hektische Dasein wird zum Selbstläufer, dreht sich so lange und so schnell im Kreis, bis uns schwindelig wird. Dann fallen wir um und werden auf uns selbst zurückgeworfen.

Und dann liegen wir da...

**Flucht vor sich selbst**

Es gibt Momente, in denen fühlt man sich nicht nur von der Welt verlassen, sondern auch von sich selbst. Nach einer Trennung, einem Verlust oder an einem anderen Wendepunkt des Lebens, kann sich das Alleinsein schrecklich einsam anfühlen.

Das, oder vielmehr *sich*, dann auszuhalten, ist schwer, aber wichtig für unsere persönliche Entwicklung.

Wir haben die Tendenz, Unangenehmem sofort ausweichen zu wollen: *Nichts wie weg von diesem düsteren Ort, der momentan kein Lachen und kein Glück kennt, den niemand besucht und der stets von einem zum anderen hetzt, um die eigenen Gefühle nicht aushalten und spüren zu müssen; um sich nicht von den eigenen Abgründen in die Tiefe zu stürzen*, denken wir, betäuben uns mit Reizen und laufen immer schneller, im Versuch, sich selbst und die Herausforderungen des Lebens abzuhängen.

Doch das wird nicht gelingen. Wir können vor den Prüfungen des Lebens nicht davonlaufen, weil sie bis ins Tiefste mit uns verwoben sind.

Wir sollten sie lösen.

Wenn wir vor ihnen weglaufen, werden sie immer wieder vor uns auftauchen. Sie zwingen uns dazu, in uns einzutauchen, damit wir uns in den Fäden des Lebens ent*wickeln* und unseren Weg gehen können.

Daher sollten wir vor der Einsamkeit nicht fliehen wollen, sondern ihr mutig begegnen.

**Warum Alleinsein so wichtig ist**

Alleinsein ist wichtig. Vielleicht umso wichtiger, je einsamer es sich anfühlt. In einer Welt, in der man permanent erreichbar ist, sollte man sich zeitweilig unerreichbar machen. Wir müssen uns nicht in vollkommener Isolation versenken und uns mit Einzelhaft bestrafen. Es geht lediglich darum, sich in den Tiefen – und auch in den Höhen – des Lebens nicht ständig mit Ablenkungen der eigenen Begegnung zu entziehen.

Die Wahrheit ist: Sogar die größte Ablenkung kann uns nicht von uns selbst trennen. Wir bleiben uns immer treu. Auch dann, wenn wir uns, unseren Einstellungen oder Vorsätzen, nicht treu gewesen sind.

Die Wahrheit ist: Wir sind nie allein auf der Welt.

Umso schlimmer ist es, wenn sich dieses Gefühl so echt anfühlt – das Glück nur seicht und jede menschliche Nähe doch fern scheint.

Wenn alles bunt ist, aber für uns in schwarz-weiß erscheint, wenn alles beseelt ist, aber für uns nur Leere keimt, wenn wir ausgebrannt sind, weil das innere Feuer erloschen ist, sollten wir den Fokus wieder auf uns werfen. Unser Leben ins rechte Licht rücken, uns in uns selbst zurücklehnen und schauen, was gerade nicht stimmt.

### Finde dich selbst

Wenn unser Tank leer ist und nur noch eine klebrige Ölspur hinter uns her tropft, müssen wir auftanken – uns selbst wieder mit uns selbst füllen. Uns einen Lebensgeist einhauchen, der unsere Stimme spricht, in unserem Rhythmus geht, unseren Takt schlägt und von innen eine warme Umarmung schenkt.

Dazu braucht es keine Reise um die ganze Welt, es braucht nur Zeit mit uns selbst.

Wir können unsere Wurzeln tief im Inneren verankern, damit wir in den Stürmen des Lebens fest stehen. Es kommen sanfte Brisen, es kommen Stürme, aber es werden auch Orkane über uns hinwegfegen, die manchmal das ganze Leben verändern.

*Und dann…?*

Feststeht, je fester wir in uns selbst stehen, umso weniger kann uns zu Fall bringen.

### Alleinsein verwandelt

Wir müssen nicht immer mit strahlendem Lächeln durch die Welt tänzeln, vor Freude sprühen oder uns vom eigenen Endorphin-Cocktail nähren können. Wir dürfen schwach sein – aber müssen stark sein, um neue Kräfte gewinnen zu können. Denn wahre Stärke ist, seine eigene Schwäche auszuhalten, in sie einzutauchen, aus der Tiefe zu schöpfen und an ihr zu wachsen.

Alleinsein ist immer das, was wir daraus machen. Im

ehrlichen und liebevollen Einlassen auf uns selbst kann der Schlüssel zum Wandel liegen, da wir dann die vielen (Schutz-)Hüllen aufschließen und erkennen dürfen, wer wir wirklich sind. Was wir brauchen und wohin wir wollen.

Ohne äußere Einflüsse werden wir ruhig. Wir verbinden uns mit uns, verarbeiten Vergangenes und tanken Kraft. Wir schenken uns Zeit und Aufmerksamkeit und sorgen für uns.

Und in dem Augenblick, in dem man sich selbst genügt – keiner Reize, Events oder Bestätigungen von außen bedarf, die eigenen Schattenseiten annimmt und niemand anderen für sein Glück verantwortlich macht – erwacht eine mächtige Kraft voller Unabhängigkeit, Eigenverantwortung und echter Zufriedenheit.

Deshalb: Wenn das Leben dich überrennt oder ein Selbstläufer ist und du nicht mehr weißt, ob du hinter dem eigenen Leben her- oder vor ihm wegläufst, dann bleib einfach stehen.

Lehn dich zurück.

Tue nichts oder das, was dir guttut.

Halt dich aus, fang dich auf und wieder ein, wenn du zu weit fortgelaufen bist. Nimm dich an die Hand und hol dich dort ab, wo du gerade stehst – so wirst du wieder du selbst und das Alleinsein weniger einsam.

*Hast du heute fünf Minuten Zeit, anzuhalten und gespannt zu schauen, was auftaucht?*

Liebe Leserinnen,
liebe Leser,

wie schön, dass Sie mein drittes Buch in der weiten Welt der Bücher gefunden haben. Denn das ist das gar nicht so einfach, da ich meine Bücher im Selbstverlag veröffentliche.
Das bedeutet, dass ich alles - vom ersten bis zum letzten Buchstaben, über das Design bis zum Verpacken und Einwurf in den Briefkasten - selbst und mit viel Herzblut mache.
Davon leben sie. Und werden von den Leserinnen und Lesern am Leben gehalten.
Umso mehr freue ich mich, wenn Ihnen mein Buch gefallen hat und Sie andere darauf aufmerksam machen.

Wenn Sie über Neuigkeiten und weitere Veröffentlichungen informiert werden möchten, tragen Sie sich gern in meinen Newsletter ein oder schreiben Sie mir eine Nachricht über meine Homepage https://einfachachtsam.de.

Ich freue mich auf Ihre Zeilen.
Herzlichst

*Johanna Wagner*

Danke

an meine Familie, Cora Stein und Tim Schlenzig,
an Aniy, Liz, Jo, Juli und Ricky
und an meine lieben Leserinnen und Leser.